슬픔을 위한 시간

슬픔을 위한 시간

박정은 지음

인생의 상실들을 맞이하고
보내주는 일에 대하여

옐로브릭

차례

머리말

슬퍼하는 사람은 행복하다.
그들은 위로를 받을 것이다.
마태복음 5:4, 공동번역

우리 삶은 매 순간 움직이며 변해 갑니다. 오늘 이 시간의 나는, 어릴 때(혹은 젊었던 시절)의 나와는 전혀 다른 사람입니다. 처하는 삶의 조건이 때마다 다르고, 삶을 이해하고 받아들이는 폭과 깊이도 계속 달라지기 때문입니다. 입시 준비로 힘들던 고교 시절과 노년을 준비하며 느끼는 삶의 무게를 비교하며 둘 중 어느 것이 더 무겁다고 말할 수 없습니다. 중요한 것은 우리의 실존이 항구하지 않고, 삶이란 스스로 어떤 수준에 이르렀다고 판단하며 만족할 수 있는 것이 결코 아니라는 사실입니다. 삶이 아주 만족스러워 기쁨을 느끼는 순간, 우리는 삶의 조건이 다시 변해 있음을 깨닫게 됩니다.

그러므로 삶의 반대말은 죽음이 아닙니다. 삶의 반대말은 매 순간 변해 가는 삶의 조건을 새롭게 만나고 받아들이지 않는 게으름, 어리석음, 혹은 완고함일 것입니다. 이슬람 수피 신비가 루미의 〈환대〉라는 시는 우리에게 삶을 대하는 바른 태도를 가르쳐 줍니다.

인생은 손님을 맞는 여관,
매일 아침은 새로운 도착

기쁨이나 우울, 비열한 마음,
순간의 깨달음은
뜻밖의 방문객처럼 찾아옵니다

모두를 환영하고 잘 대접하세요
혹시라도, 가구 하나 남기지 않고
온 집 안을 거칠게 쓸어버리는
슬픔 덩어리라 해도

정중하게 대접하세요

새로운 기쁨으로 채우려고

집을 깨끗이 비우는지도 모르니까요

어두운 생각이나 수치, 악의가

문을 두드린다면, 웃으면서 맞이하고

집 안으로 들이세요

누가 오든 감사하세요

모든 손님은, 당신을 위해

저 너머에서 온 안내자니까요

　살면서 기뻤던 순간이나 아름다운 순간에만 머무르려
한다면, 그것은 삶의 진실을 왜곡하는 태도일 것입니다. 산
다는 것은 삶의 다양한 리듬, 즉 경험하는 모든 내용을 있
는 그대로 바라보고 관조하는 것, 그 경험들을 끌어안고 행
동하며 나아가는 일을 의미하기 때문입니다.

　그리고 이런 삶의 경험에 어쩔 수 없이 수반되는 것이

바로 상실입니다. 시간이 흐름에 따라 모든 것은 변하고, 또 소멸해 가기 때문입니다. 불가에서는 이런 변화가 인간에게 고통을 주는 원인이라고 가르칩니다. 사성제四聖諦가 말하는 것은 결국 인간의 기본 조건, 즉 항상 같지 않고 변하는 삶의 속성에서 오는 상실의 고통에 대한 것입니다. 불가에서 말하는 고통은 산스크리트어로 '두카'인데, 이것은 '영원하지 않음'을 뜻합니다. 모든 것이 변하기에, 즉 상실을 경험할 수밖에 없기에 인생은 고통스러운 것입니다.

우리가 떠올릴 수 있는 상실의 가장 대표적인 경험은 아마 죽음일 것입니다. 그런데 죽음이란 경험의 주체인 자신이 존재하지 않는 상태이므로, 죽음을 경험한다는 말은 사실 모순입니다. 그보다는 시한부 선고를 받은 환자가 스스로 소멸해 가는 과정에서 경험하는 여러 가지 상실을 떠올리면 되겠습니다. 그리고 궁극적으로, 사랑하는 사람 혹은 깊이 관계 맺던 어떤 존재와 더 이상 관계를 지속하지 못하는 상실의 상태로서 죽음을 이해해도 좋을 것입니다.

이처럼 삶이 끊임없는 상실의 연속이라면, 우리에게 다가오는 상실의 경험들을 정직하게 살펴보고 그것을 성장의 디딤돌로 삼는 일이야말로 우리에게 남겨진 중요한 영적 숙제일 것입니다. 상실의 아픔을 다루는 과정은 결코 문제를 해결하고 해답을 주는 기계적인 방식으로 할 일이 아닙니다. 나는 이 책을 통해, 슬픔의 나라로 가슴을 활짝 펴고 들어오라고 당신을 초대하고 싶습니다. 이곳은 우리가 살아가면서 쉽게 깨닫지 못하는 깊은 의미가 숨어 있는 공간입니다. 그리고 함께 진실한 태도로 이 상실의 언덕을 넘어가자고 말하고 싶습니다.

요즘 주변을 살펴보면, 상실과 슬픔을 이야기하는 공간이 별로 없어 보입니다. 성공 신화가 지배하는 사회에서 그런 이야기는 너무 나약한 것으로 치부되고, 수치스러운 것은 덮어 두고 빨리 넘어가자는 논리가 강하게 작동합니다. 그래서 소설《참을 수 없는 존재의 가벼움》의 주인공 테레사는 스위스의 도시 생활을 참지 못하고, 약한 사람들의 나라로 가자고 말했는지도 모릅니다. 모든 사람이 성공을 이루고 화려하게 사는 것처럼 보이지만, 인간의 실존을 들여다보면 결코 그렇지 않습니다. 그 안에는 아픔과 결핍, 상처 들이 겹겹이 쌓여 있습니다. 우리는 그것들을 있는 그대로 바라보고 나와 너와 세상을 용서하는 고단한 작업을 포기하지 말아야 합니다.

나는 이 책을 통해, 개인이 상실을 경험할 때 지나게 되는 애도 과정을 잘 이해하고 슬픔을 건강하게 승화시켜 나가는 방법을 성찰해 보고자 합니다. 1장에서는 인생을 살아가면서 우리가 겪게 되는 여러 상실 체험들을 살펴보고, 2장에서는 몇 가지 이론을 통해 애도의 과정을 설명합니다. 앞서 말했듯 우리 사회는 개인이 제대로 슬퍼할 시간을 허용하지 않는데, 이 시기를 제대로 거치지 않고 삶의 새로운 장으로 넘어가기가 결코 쉽지 않습니다.

3장에서는 상실의 경험 중 특히 충격적이거나 폭력적이어서 마음에 깊이 남아 지속적으로 고통을 주는 심리적 외상, 즉 트라우마를 이해하고 다루는 법을 살펴보겠습니다.

4장에서는 상실의 슬픔을 가능한 오래, 깊이 간직함으로써 의미를 찾아내는 '보내주기'let it go와 '맞이하기'let it come의 과정을 이야기합니다. 이는 해결되지 않은 상태로 어떤 경험을 마음에 묻거나 잊기보다 그것을 기꺼이 끌어안음으로써 자유롭게 새로운 의미를 찾아가는 과정입니다.

5장에서는 각자 삶의 자리에서 적절하게 실천할 수 있는 스토리텔링, 일기 쓰기, 상상하기, 예전禮典 등 여러 실제적인 작업들을 소개합니다.● 마지막으로 6장에서는 친구나 사랑하는 사람이 상실을 겪고 애도의 과정을 지날 때 어떤 태도로 함께하는 것이 아픔의 심연 속에 놓인 이에게 도움이 될 수 있는지 생각해 봅니다.

이 책을 쓰면서 나는 참 행복했는데, 책을 쓰는 과정에서 친구나 동료들과 나눈 깊은 대화 때문이었던 것 같습니다. 애도에 관한 책을 쓴다고 이야기하면, 그들은 농담 반, 진담 반으로 "내 삶이 상실의 전형이니까 나를 연구해 줄래?" 하며 자신들의 이야기를 여과 없이 들려주었습니다. 때로는 웃으면서, 때로는 눈물을 글썽이며 들려주는 이야기에서, 나는 한 사람을 진정 그 사람이게 하는 고유의 아름다움을 보았습니다. 이 책에서 소개한 이야기들은 대부분 영성 지도를 해주면서 듣게 된 귀한 나눔이거나, 동료들과 나눈 이야기, 지지 그룹 혹은 책 읽기 그룹에서 감명 깊게 들은

● 전작 《사려 깊은 수다》(옐로브릭)에는 그룹으로 할 수 있는 작업들을 주로 수록했다면, 이 책에서는 혼자 할 수 있는 작업도 소개한다.

이야기인데, 본질이 흐려지지 않는 한에서 장소나 시간, 상황을 바꾸어 화자의 신분이 노출되지 않도록 했음을 밝혀 둡니다.

슬퍼하는 사람이 행복한 이유는 그의 상처받기 쉬운 부드러움과 연약함이 다른 이를 위로하고, 또 자신도 다른 이에게서 위로를 받기 때문일 것입니다. 그러므로 살아가면서 마주치게 되는 상실들을 너무 두려워하지 말고, 우리 생에 놓인 슬픔을 기꺼이 껴안고 함께 위로하며 걸어가자고 말하기 위해 이 책을 씁니다.

1장

이름 없는 상실들

우리는 모두 크고 작은 상실을 겪으며 살아갑니다. 어쩌면 상실이라는 체험 자체가 삶을 구성하는 가장 기본적인 요소인지도 모릅니다. 상실喪失이라는 한자어의 구성을 보면, 지니고 있던 것 혹은 유지하던 상태를 잃고 받은 상처라는 뜻을 내포하고 있습니다. 또한 《웹스터 영어 사전》의 정의를 보면, 상실loss은 어떤 사람이나 어떤 것을 잃은 사실과 그러한 상태뿐 아니라 그로 인한 아픔까지를 포함합니다. 종합해 보면 상실이란 중요한 의미를 지니는 대상이 어떤 이유에서든 더 이상 전과 동일한 방식으로 존재하지 않게 된 상태, 그리고 그로 인한 공허와 아픔을 의미합니다.*

이런 경험은 우리에게 심리적·감정적·육체적·영적 고통을 안겨주고, 더 나아가 우리 인격에 부정적이든 긍정적이든 고유한 성격을 부여하게 됩니다.[**] 우리는 상실의 아픔을 겪는 사람들에게 그냥 시간이 지나면 잊히고 아픔도 없어진다고 위로할 때가 많은데, 부분적으로는 설득력이 있어 보이지만, 제대로 대면하지 못한 상실 경험은 어디엔가 계속 남아 우리 삶에 영향력을 미칩니다.

십 년째 암과 싸우고 있는 내 오랜 친구에게, 어느 날 상실에 대한 책을 쓰고 있다는 이야기를 한 적이 있습니다. 그런데 상실이 주는 의미 따위는 없다고 그 자리에서 친구가 벌컥 화를 냈습니다. 집으로 돌아오면서, 힘든 친구에게 괜한 말을 했나 싶은 생각에 마음이 무거웠습니다. 나도 일정 부분 친구의 말에 동의합니다. 직접 그 고통을 경험하지 않았으면서 고통은 의미가 있다고 말하는 것은, 마치 순교는 좋은 것이니 네가 나가서 죽으라고 하는 말과 같습니다.

- Neil Thompson, *Grief and its Challenges*(New York: Palgrave, 2012), p. 18.
- ● Robert Weiss, "Loss and Recovery," *Journal of Social Issues*, Vol. 44, 1988: pp. 37-52.

내가 이야기하고 싶은 것은 상실의 사건 자체가 의미 있다는 것이 아니라, 상실이라는 크고 작은 경험들을 통해 잘 슬퍼하고 삶의 큰 의미를 발견하는 것이 중요하다는 점입니다. 껍데기 속에 이물질이 들어오면 조개는 아픔을 겪습니다. 그리고 어떤 조개는 그 이물질을 품고 진주를 만들어 내지만, 어떤 조개는 썩어 버립니다. 그러니 잘 슬퍼한다는 것은 상실이라는 경험을 잘 보듬어 영혼 속에 묻힌 진주를 발견하는 작업을 해 나간다는 의미일 것입니다.

경험에 이름을 지어주기

많은 전문가들은, 그러한 작업을 위해 경험에 이름과 목소리를 주어야 한다고 말합니다. 당장 어렵고 힘들다고 문제를 덮고 끝내 버리면, 언젠가는 모호하게 엉킨 무겁고 거대한 감정들이 한꺼번에 덮쳐 올 수 있고, 스스로도 이해하지 못하는 행동을 하는 경우가 생길 수 있습니다. 경험에 스스로 이해되는 이름을 지어준다는 것은, 그 경험을 주체적으로 만나고 고유한 관계를 맺는다는 의미입니다. 마치

친한 친구들이 서로를 별명으로 부르면서 자신들만의 유대와 친교 속으로 들어가는 것처럼 말입니다.

학자들은 인간이 경험하는 다양한 상실을 그 성격에 따라 구분하는데, 자기 경험을 돌아보고 이름을 지어 줄 때 그러한 구분법을 활용하면 한결 도움이 될 것입니다. 학자들에 따라 구분 방식이 조금씩 달라서, 이 책에서는 크게 관계의 상실, 자아의 상실로 구분하고, 우리가 잘 인지하지 못하고 소외되는 특수한 상실을 추가로 살펴보고자 합니다. 물론 우리가 살면서 겪는 상실의 체험이 그렇게 단편적이거나 단선적이지 않기 때문에 이러한 구분이 절대적인 것은 아니며 서로 겹치기도 합니다.

관계의 상실

인간은 관계를 맺는 동물이고, 따라서 대부분의 상실은 관계 속에서 발생한다고 볼 수 있습니다. 관계 속의 존재인 우리는 관계가 끊어지거나 그 성격이 변화해 가는 과정에서 많은 상실의 고통을 겪습니다.

헤어짐 | 우리는 살면서 많은 사람과 만나고 또 헤어집니다. 헤어진 이후 마음도 자연스럽게 멀어지는 경우는 상실로 인한 고통이 그다지 크지 않습니다. 하지만 소중하게 여겼던 사람을 갑자기 잃거나 그와 멀어진다면 우리는 극심한 고통을 경험합니다. 마음의 위로를 주던 친구가 어느 날 갑자기 거리를 두는 경우도 있습니다. 그가 왜 내게서 멀어졌는지 이유조차 모르는데, 상대는 나를 더 이상 보고 싶어 하지 않을 때도 있습니다.

수업을 하면서 학생들을 보면, 누가 지금 사랑을 시작했는지 알아맞추는 것이 식은 죽 먹기처럼 쉽습니다. 그들의 얼굴에는 숨길 수 없는 기쁨과 설렘이 배어 있기 때문입니다. 그러다가 연인과 헤어지고 나면, 사랑하면서 행복했던 정도만큼 힘들어 합니다. 어깨를 늘어뜨린 채 기운 없이 캠퍼스를 걸어다니고, 무엇에도 좀처럼 집중하지 못하며, 심하면 수업에도 들어오지 못합니다. 함께 앉아 이야기할 때 그들이 공통적으로 들려주는 말은, 자신은 아직 마음이 변하지 않았는데, 상대방에게 최선을 다했는데, 왜 상대방의 마음이 떠났는지 이해할 수 없다는 것입니다. 사랑은 같이 시작하는 것이지만 그 마음을 똑같이 유지하기란 불가능한 일인지도 모릅니다. 마음은 변하는 것이니까요.

소중한 사람이 멀리 떠나가는 것도 견디기 힘든 상실입니다. 내가 초등학교 4학년 때 반 친구가 지방으로 전학을 갔는데, 그때 나는 처음으로 누군가를 떠나보내는 경험을 했습니다. 키가 컸던 그 아이는 맨 뒷자리에서 선주라는 키큰 친구와 짝을 했었는데, 송별회를 하던 날 마지막으로 짝을 위해 노래 부르던 선주가 울기 시작했습니다. 선주가 우는 것이 슬퍼서인지 노래가 슬퍼서인지, 한 사람씩 따라 울기 시작했고 결국 교실은 울음바다가 되었습니다. 누군가의 존재가 사라지는 것을 집단적으로 체험하는 순간이었던 것입니다. 이후로 학년이 끝날 때까지 맨 뒷줄에 혼자앉아 공부하고 점심을 먹었던 선주라는 아이의 모습이 무척 쓸쓸해 보였던 기억이 남아 있는데, 선주에게 짝의 전학은 꽤 큰 상실이었을 것입니다.

그런데 이 경우 가장 힘든 쪽은 새로운 학교로 전학 가는 친구라 할 수 있습니다. 새로운 지역으로 전학하거나 전근을 하는 경우, 이전의 친밀하고 익숙했던 모든 관계들의 단절로 인해 아주 깊은 상실을 체험합니다. 내가 살고 있는 미국은 영토가 넓어서 주만 바뀌어도 생활 환경이 매우 달라집니다. 얼마 전 뉴욕에서 이사 온 한 학생은, 캘리포니아가 너무 생소해서 힘들다고, 이곳에 온 후 자신의 모든 것이 달라졌으며 심지어 활발했던 성격마저 내성적으로 변했다고 말합니다.

자기 의지와 관계없이 어린 나이에 부모의 이혼을 겪는 것은 아마도 아이들에게 가장 힘든 상실 체험이 아닐까 생각합니다. 한쪽 부모가 새롭게 정착하는 곳으로 갑자기 거주지를 옮기는 아이는, 가족 구성원의 변화뿐 아니라 새로운 환경에도 적응해야 하는 이중의 어려움을 겪습니다. 학생들과 피정을 하면서 그들이 나누는 체험을 들어 보면, 상당수 학생들이 부모의 이혼으로 정든 친구와 학교를 떠나 새로운 상황에 놓이게 되었을 때가 인생에서 가장 힘든 시기였다고 말합니다. 나고 자란 집과 더불어 자기 자신까지 공중분해 되는 느낌이었다고 누군가가 이야기하자 다른 학생들도 고개를 끄덕이며 공감하는 모습을 볼 수 있었습니다.

한 연구에 의하면 2-6세 사이에 부모의 이혼을 경험한 성인들을 대상으로 연구를 시행한 결과, 이들은 부모에 비해 대학 교육을 받지 못한 비율이 높고, 자녀들과 좋은 관계를 맺지 못하며, 친밀한 관계 안으로 들어가지 못하고, 술이나 마약에 의존하는 경향이 크다는 결과가 나왔습니다.•

끝으로, 새로운 곳으로 떠나는 가장 극단적 형태는 이민이나 망명일 것입니다. 새로운 장소에서 낯선 언어와 문화를 배워야 한다는 점 외에도, 고국에서 지녔던 사회적 지위와 인간 관계를 갑자기 잃는다는 점에서 이는 상실의 정도가 매우 높습니다. 나는 미국 이민 초기에 유창하지 못한 영어 때문에 아이처럼 취급 받는다고 느낀 적이 많았고, 내면의 자아와 영어로 표현되는 사회적 자아가 서로 맞지 않아 괴리감을 느끼기도 했습니다. 한국에서는 시를 무척 좋아해서 시를 외우고 거리를 걸을 때도 흥얼거릴 정도였는데, 그 슬프고도 유려한 시구가 미국의 거리와는 잘 어울리

• Odenweller, Brittany(2014), "Does Parental Divorce Have an Affect on a Child's Education?" In BSU Honors Program Theses and Projects. Item 48. http://vc.bridgew.edu/honors_proj

지 않는다는 것을 깨달은 순간, 내가 좋아하며 잘 아는 세상 하나를 잃은 느낌이 들었습니다. 내게 시를 잃는다는 것은 삶의 생기를 잃는다는 것과 같아서, 이제부터는 건조한 일상을 살아내야 한다는 생각에 마음 한 구석이 빈 것 같았었습니다. 새로운 곳에서 새로운 환경을 만나는 것은 축복이고 기회이기도 하지만, 자라면서 자신을 규정해 온 문화를 떠나는 깊은 상실의 체험일 수밖에 없음을 인정해야 합니다.

타인의 변화 | 상대방과 관계를 지속해 가면서도 서로의 역할이 변해 가는 경우 우리는 상실을 경험합니다. 이를테면, 나에게 모든 것을 제공해 주고 누구보다 깊이 이해해 주던 부모가 더 이상 그런 든든한 존재가 되지 못하는 때가 오기 마련입니다. 몸도 마음도 노쇠해진 부모님은 이제 자녀에게 의지하고, 자녀를 이해하기는커녕 자신을 이해해 주지 않는다고 섭섭해 하기도 합니다. 많은 사람들이 그때 깊은 상처를 받습니다. 부모는 자신에게 모든 것을 내어주는 존재라고 규정해 왔는데, 이제 관계의 구도가 바뀌었고

그런 부모님은 이제 존재하지 않습니다. 이런 변화가 점진적으로 일어난다면 그나마 다행이지만, 갑작스럽게 일어날 때는 깊은 상실감을 줍니다.

나는 어릴 때부터 어머니와 굉장히 친밀했습니다. 내가 우스갯소리를 하면, 유머 코드를 정확하게 읽고 농담으로 재빠르게 되받으시며 누구보다 먼저 웃음을 터뜨리는 분이 어머니였습니다. 그러던 분이 뇌경색으로 쓰러지고 전처럼 재치 있는 대화를 나눌 수 없게 되었을 때, 어머니를 잃었다는 생각이 들었습니다. 나를 사랑하는 어머니의 마음은 변하지 않았지만 함께 수다를 떠는 상대, 마음이 깊이 통하는 친구로서의 어머니를 잃었다는 상실감은 충격적으로 다가왔습니다. 그때부터 어머니는 침묵과 기도로 많은 시간을 보내면서 지혜롭게 삶의 다음 단계로 나아가셨는데, 미처 준비되지 못한 내게는 큰 상처로 남았습니다.

비슷한 맥락에서, 내 동료 한 명은 남부의 튼튼한 농부였던 자신의 어머니 이야기를 들려주었습니다. 그의 어머니는 농사도 척척 잘 지으셨지만 지붕이 새면 바로 지붕으로 올라가 고치고, 마을 아이들에게 연극 지도를 해줄 정도로 재주가 많은 분이었습니다. 그런데 나이가 들어 무릎을 못 쓰시게 된 후, 거동이 힘들어지셨고, 무슨 일이 있을 때면 언제나 제일 먼저 활발히 움직이시던 어머니의 모습을 더는 볼 수 없게 되었습니다. 그는 이 경험이, 돌아가셨을 때보다 훨씬 큰 상실의 경험이었다고 말합니다. 그의 어머니는 하늘나라에 가면 새 무릎을 얻을 것이라고 입버릇처럼 말씀하셨고, 장례식에 모인 동네 사람들도 어머니를 회고하면서 이제 어머니가 하늘나라에서 새 무릎으로 신나게 다니실 것이라고 이야기했다고 합니다.

인간은 매 순간 늙어 가는 존재이기에 사랑하는 사람이 소멸해 가는 과정을 지켜볼 수밖에 없습니다. 내게는 아주 오랫동안 가까이 지내 온 친구가 있는데, 나보다 나이가 훨씬 많고, 온화한 인격으로 인해 늘 존경해 온 분이었습니다. 그런데 언젠가부터 통화를 하거나 만나서 대화를 하고 나면 답답한 느낌이 드는 것을 경험했습니다. 서로 마음을 이해하고 영혼이 고양되는 대화를 나누었다는 느낌보다는 영원한 평행선에서 각자 다른 말을 해 대는 느낌, 그가 내 말을 전혀 듣지 않고 자기 이야기만 하고 있는 것 같은 느낌이 들었습니다. 그런데 어느 북적이는 상가에서 만났을 때 나는 그분이 간판을 제대로 못 읽을 정도로 시력이 약해진 것을 발견하고 충격을 받았습니다. 그런 이야기를 듣긴 했지만, 어느 정도인지 전혀 헤아려 듣지 못했던 것입니다. 더구나 귀도 어두워져서 어떤 음역대의 소리는 듣지 못하는 것 같았습니다. 늙는다는 것은 보고 듣고 맛보는 감각이 쇠퇴하는 과정을 포함한다는 사실을 깨달았고, 그렇게 오래 알아 왔으면서 갑자기 사람이 변했다고 섭섭해 한 것이 너무나 죄송했습니다. 그러고 보니 어머니의 음식 맛이 변했다고 타박했던 기억도 납니다. 우리는 미각의 퇴화로 세밀한 맛을 느끼지 못하게 되는 노화를 잘 이해하지 못한 채, 식탁을 준비하는 소중한 분께 철없이 상처를 주고 있지는 않은지 모르겠습니다.

많은 이에게 감동을 준 미카엘 하네케Michael Haneke 감독의 영화 〈아무르〉Amor는 어느 노부부의 사랑 이야기를 다룹니다. 점점 인지 능력을 상실하며 기억 저편으로 사라져 가고 있는 아내의 품위를 지켜주며, 한 남편이 성실하게 아내 곁에 있습니다. 이 영화가 보여 주는 남편의 모습은 매우 인상적입니다. 그는 매 순간 죽어 가는, 혹은 소멸해 가는 아내를 부여안고 모든 순간을 헛되이 흘려보내지 않고 온전히 살아내는 사람입니다. 사랑의 이름으로 그에게 주어진 숙제는 숙명처럼 무겁습니다. 영화는 그저 담담하게 혹은 무심하게 장을 보고 식사를 준비하는 늙은 남편의 일상을 담습니다. 죽음을 향해 다가가는 아내의 무너지는 모습을 지켜보는 것만큼 상실이라는 거대한 공허를 성실히 채우는 작업은 없을 것이라는 생각이 들었습니다.

죽음 | 무엇보다 강렬하고 충격적인 상실은, 바로 사랑하는 사람의 죽음입니다. 사랑했던 사람이 더 이상 세상에 존재하지 않게 되는 경험입니다. 더구나 자살로 인한 죽음이라면 여러 종교적 금기, 수치심과 죄책감이 얽혀 더욱 복잡하고 힘든 사건이 됩니다.

의학계에서 통용되는 스트레스 지수를 보면 배우자가 죽었을 때 수치가 가장 높은데, 수십 년 동안 가장 기본적인 생활 공동체를 함께 꾸렸던 사람이 세상을 떠난다는 것은 상상을 초월하는 상실감을 수반합니다. 요즘 '졸혼'이

유행하고 명목상의 결혼을 유지하는 부부들이 많은 세대를 보면 사별이 그 정도의 고통을 가져올까 의문을 가질 수 있겠지만, 고통의 정도는 본인만이 아는 것이기에 쉽게 판단할 문제는 아닌 것 같습니다. 한국 사회에서 결혼 제도는 여전히 기본적 경제 단위이기 때문에, 배우자를 잃음으로써 경제적 어려움이 닥치거나 배우자를 통해 누렸던 사회적 지위를 잃는 등 여러 2차적 상실을 경험할 수 있습니다.

자녀를 여읜 부모의 상실감은 시간이 지나도 결코 가벼워지거나 사라지지 않는 것 같습니다. 부모는 땅에 묻고 자식은 가슴에 묻는다는 말이 있듯이, 주위 사람들의 예상과는 달리 자식은 부모의 마음속에 항상 생생히 남아 있습니다. 몇 년이 지난 후, 가족 모임에서 아무도 죽은 자식에 대한 이야기를 꺼내지 않을 때, 가족들 사이에서 그 자식의 존재가 아예 지워졌다고 느낄 때, 부모는 다시 한 번 상처를 받습니다. 선한 사람이 그런 일을 겪을 리가 없다는 둥, 신앙 생활을 그렇게 열심히 하는데 왜 그런 일이 생겼는지 모르겠다는 둥, 사람들이 무심결에 던지는 말 한마디가 존재를 뒤흔드는 고통을 주기도 합니다.

미국에서 살면서 미국정신의학협회에서 발간하는 《정신장애진단 및 통계편람》Diagnostic and Statistical Manual of Mental Disorder, DSM을 본 적이 있는데, 적절한 애도 기간을 정해 놓은 것을 보고 깜짝 놀랐습니다. 부모님이 돌아가셨을 때, 정상적인 성인이라면 3년이 애도 기간이라고, 마치 통조림의 유효기간을 적어 넣은 것처럼 적혀 있습니다. 하지만 나는 그런 애도 기간은 정할 수도 없고 정해서도 안 된다고 생각합니다. 애도 기간은 사람마다 다르며, 각 개인에 맞는 적절하고 건강한 방법을 찾아가야 합니다. 딸을 사고로 잃은 후 자신의 애도 과정을 책으로 기록한 린다 로렌스 헌트Linda Lawrence Hunt는, 이젠 잊어버리라는 주변 사람들의 제안에 휘둘리지 말고 오직 자신의 본능을 신뢰할 것을 제안합니다. 그는 슬퍼하는 기간도 자신만이 정할 수 있다고 강조합니다.•

• Linda Lawrence Hunt, *Pilgrimage through Loss: Pathways to Strength and Renewal after the Death of a Child* (Louisville, KT : John Knox Press, 2014), p. 33.

이 같은 관계적 상실은 다른 부차적인 상실을 가져옵니다. 사랑하는 사람을 잃거나 마음을 다해 사랑한 사람에게 배신당한 사람은 다시 사랑하기를 힘들어 하고, 사랑 없는 삶을 계속 살아갈 수 있습니다. 또 너무 큰 상실을 겪은 후 그 누구도 신뢰하지 못하는 삶을 살게 되기도 합니다. 상실의 경험을 제대로 소화해 내고 자신을 잘 감싸 안는 작업이 필요한 이유입니다.

자아의 상실

타인이나 어떤 대상과의 관계에서 경험하는 상실 외에, 특정한 사회적·경제적·정치적 맥락에서 한 개인의 자아가 겪는 상실이 있습니다. 살아가면서 우리는 자신감을 잃는 쓰라린 경험을 하기도 하고 단단하다고 믿었던 자신의 정체성이 변화하기도 합니다.

실패 | 입시나 취직 등 어떤 목표를 추구하다가 실패하는 경험들은 사람을 위축되게 합니다. 긍정적인 자기 이미지를 가졌던 사람들도 이런 실패가 쌓이면 자신감을 잃게 됩니다. 이성에게 환영받지 못하는 경험이 반복되거나, 청소년기에 또래 집단으로부터 소외되는 경험도 그렇습니다. 요즘에는 청소년기에 몸이 뚱뚱했거나 외모에 열등감을 가졌던 이들이 스스로에 대한 신뢰를 잃고 평생 고통받는 경우가 많습니다. 물론 자신감의 뿌리는 훨씬 더 깊은 것일 수 있지만, 크고 작은 실패는 자신감을 상실하게 하는 중요한 원인이 됩니다.

자기 혐오 | 자신감 상실이 실패와 관계 있다면, 자기 혐오는 수치심과 관련이 있습니다. 자신의 행동이나 처한 상황에 스스로 떳떳하지 못할 때, 자기 행동의 의미를 찾지 못하거나 선택의 이유를 스스로 이해하지 못할 때 사람은 자기존중감을 잃어버립니다. 살면서 비윤리적인 선택을 했거나, 혹은 원하지 않았던 방향의 삶을 선택한 후, 쉽게 자신을 용납하지 못하는 경우가 많습니다. 누구나 살면서 때때

로 삶의 방향을 잃는 것 같은 순간도 있고, 비도덕적 선택을 할 때도 있을 수 있지만, 주저앉지 않고 새로운 걸음을 내딛는 용기가 필요합니다. 거기서 앞으로 나아가지 못하고 그 상태에 오래 머물러 있으면 자기존중감을 상실하게 됩니다.

이러한 자기존중감의 상실은 의식적·무의식적 자기 혐오로 이어지고, 우울에 빠지거나 무감각해지기 쉽습니다. 자기존중감이 낮은 사람들은 타인이 자기를 조종하거나 폭력을 가해도 그다지 문제를 느끼지 못합니다. 예를 들어 성폭행처럼 극단적인 형태의 억압을 당하고 자기존중감을 잃은 여성들은, 상황을 극복하고 그 환경을 떠날 수 있는 힘을 찾지 못하고 취약해지는 경우가 많습니다.

사회적 지위의 상실 | 사회적으로 수치를 당하거나 공식적으로 그룹에서 배제되는 일과 같이, 사회경제적 지위 및 조건의 변화에서 기인하는 상실입니다. 저는 개인적으로 인생에서 가장 충격적이었던 순간으로 한국 수도회에서 제명당했던 때를 꼽는데, 갑자기 소속을 잃으면서 전 존재

가 추락하는 것 같은 강력한 체험이었습니다.

은퇴는 사회적 지위를 잃는 중대한 상실입니다. 내가 일하는 학교에서 은퇴한 어느 교수는 절대로 자신을 은퇴자라고 이야기하지 않습니다. 그 대신, 자신이 이전에 심리학 과장이었고 현재는 젊은 교수들의 멘토라고 말하지요. 은퇴는 늙음과 사회적 지위 상실을 동시에 포함하는 사건입니다. 기능 중심 사회인데다 갈수록 노인 혐오가 짙어 가는 분위기의 미국에서는 이 같은 경험이 매우 수치스러운 일입니다.

평생 성실히 다니던 직장에서 별안간 해고된다거나 구조조정으로 자신의 직위가 사라지는 경우, 사업을 하며 넉넉하게 생활하다 갑자기 경제적으로 어려워지는 경험은 사회 생활을 하는 사람들이 흔히 겪는 상실입니다. 기존의 지위가 제공하던 안락함과 경제력을 갑자기 잃는다는 것은 매우 깊은 수치와 사회적 박탈감을 줍니다. 1997년에 일어난 IMF 구제금융 사태는 한국의 많은 남성들에게 상실의 충격을 주었습니다. 더 이상 가족을 부양할 수 없는 상황에 수치감을 느낀 많은 남성들이 집을 나가 노숙자가 되거나 술에 빠지고 만 것도, 크게 보면 사회경제적 지위 상실이라는 체험을 건강하게 다루지 못한 예가 될 것입니다.

신체적 변화 | 몸은 개인에게 정체성을 제공하는 기본적 도구입니다. 스스로 젊고 활동적으로 일하는 존재라는 확고한 정체성을 가졌던 사람이라면, 결국 언젠가는 그런 정체성이 흔들리는 때가 옵니다. 지칠 줄 모르던 기운이 점점 사라지고 시력도 약해져 갑니다. 젊을 때 자신이 예쁘다고 생각했던 사람은 자신의 노화를 받아들이기 힘들어 하는 것 같습니다. 몸은 중력 법칙에 따라 처지고 주름지고 거칠어집니다. 〈오프라 윈프리 쇼〉에서 오프라는 갑자기 몸이 불어나고 살이 찌는 중년 여성들에게 말합니다. 아무도 당신이 입은 옷 치수를 보지 않으니까 제발 몸에 맞는 옷을 사 입으라고요. 몸에 꽉 끼는데도 자신에게 익숙한 치수의 옷을 고집하는 이런 태도는 변하고 싶지 않은 우리의 관성을 반영하는 것이 아닐까 하는 생각이 듭니다.

노화는 단계적으로 진행되는 상실이지만, 사고 등으로 갑작스럽게 닥치는 상실은 받아들이기가 더욱 어렵습니다.

불의의 사고를 당해 몸의 한 지체가 없어진 낯선 자신의 모습, 혹은 심각한 병을 앓은 후 완전히 변해 버린 자기 모습을 받아들이기란 결코 쉬운 일이 아닙니다. 운동선수가 사고로 장애를 입는다면 그 고통은 이루 말할 수 없습니다. 또한 가슴이나 자궁을 절제하는 수술을 한 여성은 여성성의 상실로 깊은 고통을 받습니다.

유럽계 수녀인 내 친구는 30대 말에 유방암을 발견하여 결국 두 가슴을 다 절제하는 수술을 했습니다. 어느 날 친구는 자신이 수도자로서 솔직히 여성성을 별로 중요하게 여기지 않았고 더욱이 가슴에는 관심도 없었는데, 이제 가슴이 없다는 사실이 자신을 초라하게 한다고 말했습니다. 젊은 나이에 국제 수도회에서 리더 역할을 할 만큼 기개 좋고 씩씩한 그녀에게 뜻밖의 이야기를 듣고 마음이 아팠습니다. 그래서 나는 시내에 나가 가슴에 넣는 패드를 사고 예쁜 속옷을 골랐습니다. 그런다고 그의 공허감을 온전히 채워 줄 수는 없지만, 또 누군가는 수도자가 웬 허튼 짓이냐고 비난할지 모르겠지만, 내게는 친구로서 작은 기쁨을 선물할 수 있는 최선의 일이었습니다.

나의 경우, 젊을 때보다 인내심이 없어지고 버럭버럭 화를 내며 쉽게 가슴이 답답해지고, 창의력이 고갈되며, 다른 사람에게 점점 요구하는 것이 많아짐을 느낄 때, 인격의 깊이도 결국 쇠락해 가는 것은 아닌가 하는 염려가 듭니다. 그러니까 육체적으로만 늙는 것이 아니라 영적으로도, 심리적으로도 늙는 것입니다. 늙어서도 여전히 많은 일을 거침없이 해내는 사람도 있지만, 그럼에도 불구하고 모든 사람이 결국 노쇠해지며, 그로 인한 상실의 체험은 공통적입니다.

결국 우리는 자기 정체성이란 고정된 것이 아니고 언제나 변하는 것이며, 또한 정체성이 자기 자신은 아니라는 진실을 대면해야 할 것입니다. 젊고 의욕적인 것도 자신의 한 부분이지만, 점점 체력이 떨어지고 정신력이 약해지는 것도 또 다른 자기 모습임을 인정하는 용기가 필요합니다. 또 기존의 정체성, 쉽게 말해 '나는 이런 사람이다'라는 틀을 벗어나 진정한 자기를 찾아가는 내면의 작업을 해야 합니다.

이념과 가치의 상실 | 그 밖에도 시대적 변화나 환경 때문에 정신적으로 겪게 되는 상실이 있습니다. 예를 들어 요즘 미국에서는, 트럼프가 대통령이 된 후 미국의 정체성을 잃었다며 우울과 불안을 호소하는 사람들을 많이 봅니다. 그들은 미국이라는 나라를 지탱하고 있다고 믿었던 정치적·이념적 가치에 대한 상실을 느끼는 것입니다. 온 국민에게 정신적 충격을 준 세월호 사건 역시 그런 맥락에서 볼 수 있습니다. 또한 자본주의의 힘에 밀려 거리에 천막을 치고 살아가는 많은 가난한 사람들을 보면서, 자유와 평등이라는 가치의 상실을 경험합니다.

영성적 차원에서 겪는 상실도 있습니다. 어려서부터 가져 왔던 신관의 붕괴, 신앙의 상실은 힘든 경험입니다. 하지만 이런 종류의 상실은 다음 단계, 즉 자신의 이해를 넘어 새로운 깊이로 들어서서 새롭게 신을 만나라는 초대이기도 합니다. 엄격한 의미에서 진정한 영성 지도는 이 단계에서 시작된다고 할 수 있습니다. 두려워하지 말고 자신의 체험에 귀를 기울이며 마음을 여는 것은 모든 영성의 발달 단계에 꼭 필요한 요소입니다.

사회적으로 인정되지 않는 상실

마지막으로 꼭 짚고 넘어가야 하는 상실의 요소는, 사회적으로 인정되지 않는 상실unfranchised loss입니다. 사회적으로 용인되는 관계 안에서 일어난 상실은 공식적으로 보호받는 반면, 아주 개인적이거나 사회적 구조 밖에 놓인 관계에서 일어난 상실은 무시되는 경향이 있습니다.

관습상 인정되지 않는 관계 | 이혼한 배우자나 동성 파트너, 혼외 관계의 파트너를 잃은 경우는 상실을 슬퍼할 공간이 제대로 주어지지 않습니다. 한 여성이 어느 기혼 남성을 오랫동안 사랑했습니다. 둘은 오랜 기간 동거를 하고 있었지만, 그 남성은 아직 합법적 혼인 상태로 아내와 별거 상태였습니다. 그런데 갑자기 그가 심장마비로 쓰러졌고, 죽음을 주위에 알리자마자 별거 중인 아내와 그들 사이의 자녀들이 장례를 준비하기 시작했습니다. 그리고 그 남자의 삶은 자신과 나누었던 부분들을 생략한 채 기억되었습니다. 모든 애도 과정과 의식에서 자신은 그림자 같은 존재임을

알게 된 그녀는 서둘러 자신이 살던 집을 빠져 나왔습니다. 사람들이 돌아간 후 그녀는 홀로 울어야 했고, 그녀가 슬픔을 표현할 수 있는 유일한 공간은 새롭게 마련된 그의 묘지 뿐이었습니다. 결혼 제도 안에 있지 않았기에 사랑하는 사람을 잃은 상실감을 위로받을 공간이 사실상 존재하지 않았던 것입니다.

9년 전 이혼한 내 동료는 고등학교 시절에 좋아했던 첫사랑 남자친구와 우연히 다시 연락이 되었습니다. 행복한 마음으로 대화를 자주 나누었지만, 혹시 그의 결혼 생활에 나쁜 영향을 미칠까 봐 실제로 만나지는 않았습니다. 다만 혼자 마음에는 '혹시 누가 알아? 언젠가 홀아비가 된 그와 이혼녀인 내가 다시 만날지' 하는 바람이 있었던 것 같습니다. 힘든 일이 있을 때마다 전화를 주고받으며 가깝게 지내던 어느 날, 여느 때처럼 전화를 했는데 그는 전화를 받지 않았습니다. 얼마 후 그의 아내가 전화를 걸어, 남편이 죽었고 알려야 할 것 같아 전화했다고 말하고는 서둘러 끊었습니다. 물론 그녀는 장례식에도 가지 못했습니다. 그녀는 아직도 그가 이 세상에 없음을 믿을 수 없다고 말합니다.

어떤 날은 그냥 눈물이 줄줄 흐른다는 말을 들으면서, 우리가 관계라고 정의하는 것이 우리에게는 너무 자연스럽게 들리지만, 결혼을 통해 가족이 되는 것과는 거리가 있을 수 있음을 알게 됩니다.

또한 반려동물의 죽음처럼 지극히 개인적인 상실 역시 애도의 적절한 공간을 찾기가 쉽지 않습니다. 그래도 요즘은 반려동물의 장례나 이별 예식을 하는 사람들이 늘어나고 있지만, 여전히 이들의 슬픔은 무시되기 쉽습니다. 시애틀에 사는 리즈는 고양이 한 마리를 키우고 있었습니다. 그 고양이는 남편이 이혼을 선언하고 집을 나간 후 고독한 자신의 곁을 지켜 준, 친자매나 다름없는 고양이였습니다. 내가 그 집을 방문하면 고양이는 점잖게 일정한 거리를 두고 리즈 가까이에 앉곤 했었는데, 어느 날 그 고양이가 암에 걸렸습니다. 리즈는 죽어 가는 고양이를 떠나 보내는 예전을 수행하기로 했는데, 거실 바닥에 누워 죽어가는 고양이와 눈을 맞추며, 자신이 얼마나 그에게 감사하는지, 또 얼마나 그를 사랑하는지를 이야기했습니다. 벌써 20년 전의 일인데, 무척 낯선 풍경이었음에도, 지극한 관계에 대해 예의를 지키는 리즈가 참 좋아 보였습니다. 아직도 시애틀의 호수가 보이는 거실 바닥에서 고양이와 마지막 순간을 함께한 리즈의 모습은 제 기억 속에 생생하게 남아 있습니다.

정치적 이유 | 미국의 경우, 베트남전에 다녀온 병사들은 그곳에서 겪었던 아픔과 상실감에 대해 쉽게 이야기할 수 없었습니다. 사회 분위기가 그런 유의 수사를 허용하지 않았던 것입니다. 그래서 많은 사람들이 신경증을 앓아야 했습니다. 제주 4.3 사건 같은 경우가 그러합니다. 그 사건으로 많은 제주도민들이 고향과 가족을 잃었음에도, 그 사건은 역사책에도 실리지 않고 일절 이야기되지 않았습니다. 또 한국 정부가 수립되면서, 북으로 넘어간 가족을 그리워하는 일은 매국 행위로 간주되었고, 따라서 가족 잃은 상실을 표현할 공간은 철저히 사라졌습니다.

약자, 주변인으로서 애도 과정에서 소외되는 경우 | 노인이나 장애인, 어린이들은 아예 공식적 애도 과정에 초대되지

않는 경우가 다반사입니다. 어린이들이 충격을 받으면 안된다, 노인이 이런 일을 알게 되면 돌아가실지도 모른다, 하는 여러 논리를 대지만 사실 이들에게는 더 세심한 배려가 필요합니다.

얼마 전 샌프란시스코 현대 미술관에서 노르웨이 작가 뭉크의 작품 전시가 있었습니다. 그는 어린 여동생의 죽음에 대한 그림을 자주 그렸는데, 〈죽음의 냄새〉, 〈병실에서의 죽음〉 같은 작품을 보면 아직 충분히 죽음의 의미를 알 수 없었던 뭉크가 동생을 잃는 과정에서 겪었을 충격적 감정이 보는 이에게까지 전달됩니다. 깊은 상실을 체험한 어린이들이 그것을 자연스럽게 받아들이고 어떤 형태로든 표현할 수 있도록 돕는 일은 어른들에게 주어진 중요한 과제일 것입니다.

나는 버클리에서 공부하는 동안 여러 한국인 가정과 가까이 지냈습니다. 부모가 박사 과정을 하는 동안 아이들은 미국 아이들과 어울리며 지내다가, 학위를 마치면 아무 준비 없이 부모를 따라 한국으로 돌아가 한국 문화에 적응해야 합니다. 부모들이 한국에서 직장을 잡고 생활 터전을 마련하기도 쉬운 일은 아니지만, 아이들이 새로운 문화 속으로 들어가는 일은 훨씬 어렵고 힘든 일입니다. 미국에서 공부도 잘하고 친구들과 행복하게 지내던 아이들이 갑자기 모든 것이 생소한 한국에 돌아와 언어를 다시 배우면서 한국 학생들의 문화를 소화하기 위해서는, 많은 지지가 필요합니다.

나와 가까이 지내는 캐롤 수녀는, 어머니가 돌아가신 후 여러 일을 처리하느라 어머니가 기르던 개에게는 신경 쓰지 못했습니다. 홀로 노인 아파트에 살던 어머니와 동고동락하던 개였는데, 그 개에게는 어머니가 돌아가셨다는 사실을 알려주지 못한 것입니다. 개는 계속 안절부절 못하면서 아파트를 빙빙 돌고, 어머니의 침실을 보며 낑낑거리면서 아무것도 먹지 않았습니다. 그때 아파트 관리인이 개도 주인과 헤어질 준비를 해야 하니 주인의 시신을 보여 주라고 말해 주었습니다. 그녀는 냉동실에 있던 어머니의 시신을 꺼내 개에게 보여 주었는데, 놀랍게도 그 개는 주인이 죽었다는 사실을 정확하게 깨닫고 더 이상 어머니의 방을 보며 울거나 낑낑대지 않았다고 합니다.

범죄자 혹은 반사회적 인물인 경우 | 가까운 사람이 사회적으로 큰 물의를 일으키고 죽었거나, 동성애자나 트랜스젠더로 커밍아웃하고 관계가 끊어진 경우, 남은 가족과 친지들은 상실감을 깊이 느끼면서도 제대로 이야기하지 못한 채 가슴에 묻어 두는 경우가 있습니다. 이런 경우, 자신의 감정과 생각을 있는 그대로 이야기할 수 있는 공간을 만드는 것이 매우 중요합니다. 한 중년 남성은 남동생과 자신의 아들이 동성애자로 커밍아웃하자 그들을 가족으로 인정하지 않았습니다. 그토록 사랑했던 어린 남동생과 아들에게 그들은 더 이상 자신의 가족이 아니므로 추수감사절이나 크리스마스에 집에 오지 말라고 선언해 버렸습니다. 그리고 교회 사람들에게는 그 이야기를 전혀 할 수 없었습니다. 그는 마음의 짐을 해결하지 못하고 계속 술을 마셨는데, 그가 술을 마시는 이유는 실컷 울 수 있기 때문이었습니다. 그는 그런 행위를 통해 애도를 하고 있었던 것입니다. 언젠가는 그들을 다시 받아들여야 하겠지만, 아직은 어려워서 마음이 더 부드러워지기를 기다린다고 그는 말합니다.

끔찍한 범죄를 저지른 사람의 부모는 과연 자녀 잃은 슬픔을 간직할 자격도 없는 것일까 한 번쯤 곰곰이 생각해 보아야 하겠습니다. 어느 한국 교포 대학생이 학교에서 총을 쏴 여러 명의 사상자를 냄으로써 큰 충격을 안겼습니다. 아직도 많은 사람이 기억하는 사건입니다. 그런데 나는 가끔 미국 사회에서 소수자로 살고 있는 그 학생의 가족들이 그 충격과 상실감을 잘 소화해 낼 수 있을까 하는 생각이 들 때가 있습니다. 사회에는 이런 유의 상실을 보듬는 공간이 별로 없기 때문입니다.

또한 자기를 싫어했거나 자신이 싫어했던 사람을 잃는 경우를 생각해 볼 수 있습니다. 무언가 불편했던 관계에 있던 사람을 애도한다는 것은 마음에 커다란 부담을 줍니다. 공연한 죄책감이 들기도 하고, 고인에게 나에 대해 화해되지 않은 감정이 남아 있었으면 어쩌나 하는 두려움도 생깁니다.

특수한 직업의 경우 | 호스피스, 상담가, 사회복지사, 영성 지도자 같은 사람들은, 정기적으로 만나 돌보던 사람들이

죽거나 떠나가면 독특한 상실을 체험합니다. 하지만 사람들은 전문 직업이니까 내담자를 잃는 일이 아무렇지 않으리라 생각하거나, 슬픈 감정을 가지는 것은 전문가답지 못하다고 판단합니다. 하지만 영혼 깊은 곳에서 만나던 사람을 잃고 아무 느낌이 없다면 그것은 거짓말일 것입니다. 사실 전문가는 감정이 없는 사람이 아니라, 그 감정이 내담자에게 영향을 미치지 않도록 조절할 수 있는 사람입니다.

정신분석가인 내 친구는 내담자가 약을 과다복용하고 갑자기 죽자 상실감에 괴로워했습니다. 그 내담자는 무척 심각한 환자였지만, 친구를 절대적으로 신뢰했고 그 역시 내담자를 깊이 아꼈습니다. 그의 이야기를 들으면서, 상실의 무게가 생각보다 크다는 사실에 나는 내심 놀랐습니다. 그리고 두 달 후 함께 참석한 글쓰기 심리치료 워크숍에서 그가 계속 그 내담자를 기억하며 글을 쓰고 시를 쓰는 모습을 보았습니다.

반대의 경우로 자신의 영성 지도자나 상담가가 죽거나 떠나는 것도 커다란 상실입니다. 내게도 영적 성장에 큰 도움을 주신 지도자가 있었는데 피부암으로 돌아가셨습니다.

그분은 죽기 전에 나를 찾았고, 우리는 마지막으로 대화를 나누었습니다. 그리고 신의 돌보심 아래 늘 함께 있으리라는 축복을 받으며 헤어졌습니다. 하지만 이후 그분의 장례식이나 가까웠던 사람들이 모이는 자리에 나는 가지 않았습니다. 당시 내가 느낀 이상한 소외감이 바로 사회적으로 인정되지 않는 상실에서 오는 느낌임을 전혀 몰랐기에, 나는 그 상실감을 그저 마음 깊이 묻어 두어야 했습니다.

조용한 시간과 장소를 선택하고 종이와 봉투를 준비합니다. 삶 속에서 경험한 상실(분명한 사건이 아니라도 괜찮습니다)을 한 가지 선택하고, 다음 질문에 답을 적어 갑니다.

1. 무슨 일이 일어났습니까?

2. 그것은 앞에 열거한 상실 중 어떤 종류의 상실입니까?

3. 지금 나는 그 일에 대해 어떤 감정을 느낍니까?

4. 이 일과 관련하여, 나는 어떤 사람이고 싶습니까?

5. 이 일에 이름을 지어 주십시오. 무엇이라 부르고 싶습니까? 그 이름을 무슨 색깔로 쓰고 싶습니까? 혹시 어떤 이미지가 있습니까?

6. 종이를 봉투에 넣고 태웁니다.

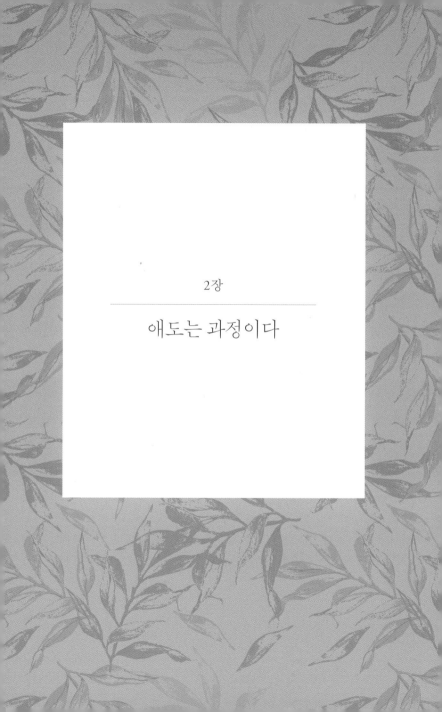

2장

애도는 과정이다

구약 성서에는 이집트에서 노예 생활을 하던 이스라엘 민족이 해방되어 광야를 헤매는 이야기가 나옵니다. 그런데 아이러니하게도, 이집트를 막상 떠나고 나니 그들은 도리어 그곳 생활을 그리워하며 불평합니다. 이런 이스라엘의 실존적 현실은 상실의 측면에서 설명해 볼 수도 있습니다. 이집트에서 먹던 고기와 그 나름대로 편안했던 환경이 좋았다고 불평하는 그들은 엄밀히 말하면 노예 상태 자체를 상실한 슬픔을 표현하는 것입니다. 웃음이 나오면서도 나의 모습인 것 같아 웃을 수만은 없습니다. 설사 그것이 좋은 것이 아니었음에도 불구하고, 무엇이든 잃고 나면 불편하고 슬픈 것이 우리 인간의 본성일 테니까요.

우리가 살아가면서 필연적으로 경험하게 되는 상실은 '애도' 혹은 '슬퍼하기'*라는 자연스럽고 불편한 과정을 수반합니다. 애도는 하나의 과정이며, 이스라엘이 노예 상태에서 해방되어 40년간 거쳤던 광야 생활과 유사합니다. 이것은 상실이라는 새로운 현실에 적응해 가는 과정 전체를 의미합니다.** 상실한 인간은 슬퍼합니다. 이것은 자연스러운 반응이기도 하지만 필요한 과정이기도 합니다. 이 과정이 없다면 누구도 새로운 삶을 향해 나아갈 수 없기 때문입니다.

하지만 현대인의 삶에서 상실을 제대로 슬퍼하기란 쉽지 않은 일입니다. 옛날에는 부모가 돌아가시면 3년상을 치렀습니다. 흰옷을 입고 사회와 단절된 채로 지내면서 부모

---

* 어떤 학자는 애도mourning와 슬퍼하기grieving를 구별하기도 한다. 그 이론에 따르면, 충격에 휩싸여 분노, 무감각, 원초적 감정에 지배되어 다른 것들을 생각할 수 없는 '슬퍼하기'의 기간이 지난 후 좀 더 차분하고 내면적인 작업들이 이루어지는 '애도' 기간이 온다. 하지만 이 책에서는 두 개념의 의미 차이를 두지 않고, 원초적 감정이 지배하는 기간과 의미를 발견하고 변화를 경험하는 기간을 포함한 전 과정 혹은 상황을 뜻하는 말로 혼용해서 썼다.

** Wayne Simsic, *Praying through Our Losses: Meditations for Those Who Are Grieving* (Winona, MN: The Word Among US Press, 2007), p. 10.

를 잃은 슬픔을 다룰 수 있도록 준비하는 시간과 공간이 주어졌지요. 그러나 현대 사회에서는 각자 개인적으로 슬픔을 다루어야 합니다. 미국에서는, 조부모가 돌아가실 경우 휴가조차 주지 않습니다.

사람들은 슬퍼하는 사람을 불편해 합니다. 슬픔은 연약하고 상처받기 쉬운 감정이며, 그다지 효율적이거나 생산적이지 않기 때문입니다. 또한 내면을 차지하고 있는 무거운 슬픔이 언제 끝날지 불안하기 때문에, 자신에게든 타인에게든 그 슬픔을 빨리 좀 보내 버리라고 재촉합니다. 특히 젊음과 가능성을 이야기하는 미국 문화는 죽음과 상실을 잘 말하지 않습니다. 하지만 많은 연구와 책들을 보면, 우리는 이런 문화에 맞서 충분히 슬퍼해야 한다고 강조합니다.

내 친구는 마흔에 결혼해서 쉰다섯에 사랑하는 남편을 잃었습니다. 무슨 지병이 있었던 것도 아니고 어떤 이별도 예감하지 못했기에 남편의 죽음은 충격 그 자체였습니다. 한동안 그녀는 남편의 죽음을 받아들일 수 없었습니다. 거의 아무것도 느낄 수 없었던 그녀에게 가장 고통스러웠던 일은 남편과 나가던 부부 동반 모임에 가는 일이었습니다. 십 수 년간 함께 휴가를 가고 경조사를 함께하던 소중한 친구들의 모임이었는데, 어느 순간 그 속에서 남편 없는 자신이 자연스럽지 않음을 느꼈습니다. 게다가 자신이 다른 사람들에게 불편을 준다는 느낌을 버릴 수 없었습니다. 모임의 사람들은 더 이상 남편의 이름을 거론하지 않았고, 마치 아무 일도 일어나지 않은 것처럼 웃고 잘 지냈습니다. 그러다가 아직 남편의 죽음을 받아들일 준비도 되지 않은 그녀에게 남자들을 소개하기 시작했습니다. 이제 그만 하면 됐다고 하거나, 혼자 있는 것은 좋지 않으니 다른 좋은 사람을 만나 보라는 말을 하기도 했습니다. 하지만 그런 호의는 아직 애도 기간을 지나고 있는 그녀에게 폭력적으로 여겨졌고, 그녀는 결국 자신에게 가장 소중했던 그 모임을 포기했습니다. 몇 년의 애도 기간을 충실히 보낸 그녀는, 이제 사랑했던 남편의 손녀를 돌보면서 기쁨을 느낍니다. 남편과 전처 사이의 딸이 자신의 유일한 가족이 되었고, 그 딸의 자녀들을 사랑하고 돌보면서 삶과 가족의 연속성에 자신이 초대되고 있음을 느낀다고 그녀는 말합니다.

크고 작은 애도의 과정을 제대로 겪어 내고 의미를 찾아 나아가지 못하면, 상실의 슬픔은 더 깊고 큰 다른 상실을 줄 수 있습니다. 소화되지 못한 하나의 상실은 정신적·신체적 건강을 앗아갈 수도 있고, 남겨진 다른 소중한 관계들을 해치기도 합니다.

하지만 애도의 수행은 결코 만만한 과정이 아닙니다. 상실을 겪은 후에도 한편으로는 계속 자녀를 양육하고 사회적으로 주어진 기능들을 수행해야 하는 무시할 수 없는 현실 때문입니다. 그런 여러 이유들로 애도를 제때에 제대로 해내지 못하는 경우가 적지 않습니다. 목에 가시처럼 걸린 채 소화되지 않은 슬픔, 제대로 밟지 못한 애도의 단계가 무엇인지 인식하고 자신에게 맞는 애도를 수행할 수 있어야 합니다.

이 장에서는 세 가지 이론을 가지고 애도의 구체적 과정을 살펴보도록 하겠습니다.

슬픔의 5단계

엘리자베스 퀴블러 로스Elizabeth Kubler Ross가 주창한 '슬픔의 5단계' 이론을 먼저 살펴봅시다. 그는 상실 이후에 일어나는 애도를 부인-분노-거래-우울-받아들임의 단계로 설명합니다.

첫 단계인 **부인**은 상실을 현실로 인식하지 않는 것입니다. 머리로는 사실을 이해하지만, 가슴으로는 받아들이지 못하는 상태입니다. 아마도 부인은 우리가 살아가면서 가장 많이 사용하는 심리적 기제일 것입니다. 가령, 암 선고를 받은 사람이 진단을 무시하고 치료를 하지 않으려 한다거나, 이혼을 요구당한 여성이 남편이 곧 돌아오리라 생각하는 경우입니다.

한 대학생은 대학교 1학년 때 만난 남자친구를 3년 정도 사귀었습니다. 그런데 군대에 간 남자친구가 휴가를 나와 갑자기 헤어지자고 말하는 것입니다. 그녀는 그 말을 받아들일 수가 없었습니다. 헤어지자고 말할 사람은 자신이라고 굳게 믿었기 때문이지요. '아니, 어떻게 나한테 그런 말을 할 수가 있지? 아니야, 무언가가 잘못된 거야.' 그녀는 계속 연락을 했고, 그래도 연락이 없는 남자친구를 보면서도 '군대 간 사람이 변하는 법이 어디 있어요? 변하려면, 내 쪽에서 변해야 하는 거 아닌가요?'라고 물으며 당혹감을 감추지 못했습니다. 한 달여의 시간이 지나서야 혼란스러운 표정으로 '우리 끝난 건가 봐요'라고 말하는 그녀를 보며 나는 그가 여전히 헤어진 현실을 받아들이지 못하는 부인 단계에 머물러 있음을 알 수 있었습니다.

앤지는 이혼을 했지만 그 나름대로 잘 지내고 있었습니다. 그녀는 22년간 결혼 생활을 한 집에서 계속 아이들과 함께 지냈는데, 자신의 월급으로는 청약금을 내기가 벅차 집을 다른 사람에게 넘기고 세입자 신분으로 살았습니다. 그러니까 최소한 외적으로 볼 때 달라진 것은 없었지요. 다만 변화가 있다면, 남편이 집을 나갔고 친구처럼 가족의 대소사에 함께하는 사이가 된 정도였습니다. 그러다 막내 아이가 대학을 갈 무렵 집 주인이 집을 비워 달라고 했습니다. 그녀는 집이 자신의 소유가 아님을 알고 있었음에도 갑자기 자신에게 집이 없다는 사실이 충격으로 다가왔다고 했습니다. 가진 돈에 맞추어 조그만 아파트로 옮겨 가면서 그녀는 오랜 기간 살았던 집을 정리해야 했습니다. 많은 세간살이를 버렸고, 특히 결혼 생활 동안 가족과 주고받은 편지와 사진이 쌓인 박스를 정리하면서 그녀는 며칠을 울어야 했습니다. 싱글맘으로 아이를 키우면서 십여 년 동안 부인한 이혼이라는 사건이 한꺼번에 쓰나미로 몰려오는 것 같았습니다. 이렇게 이사를 하면서 그녀는 자신이 현실을 부인해 왔음을 알았습니다.

다음에 오는 단계는 **분노**입니다. '왜 하필 나인가?' '왜 나만 이런 일을 당해야 하나?' 같은 질문에 휩싸이는 단계입니다. 대학생 은지는 암 판정을 받았습니다. 하느님 앞에서 성실했고 친구들에게도 진실했던 그녀였기에, 그리고 무엇보다 너무나도 젊은 나이였기에, 이는 자신에게도 가족들에게도 받아들이기 힘든 충격적인 사실이었습니다. 그녀는 6개월간 주위 사람들에게 위로를 주며 임종을 맞았는데, 그런 그녀도 한동안 자신의 상황을 받아들일 수 없어 죽고 싶어 한 적이 있습니다. 그녀는 두 차례 자살을 기도했습니다. 내성적인 그녀였기에 분노를 밖으로 분출하지 못하고 결국 자신을 파괴하는 충동으로 표현한 것입니다. 자신을 파괴하고 싶을 만큼 큰 분노로 점철된 이 시기는 보는 사람에게도 자신에게도 가장 힘든 시간이었습니다. 그러나 이 시기를 넘긴 후, 은지는 사랑하는 일에만 집중했습니다. 가족, 친구들과 작별인사를 하고 좋아했던 남학생에게 사랑한다고 고백하기도 하면서, 편안하게 길을 떠났습니다.

불치병을 앓고 있는 루시는 삶의 에너지와 외모, 집중력 등 자신이 잃어버린 많은 것들에 대해 분노합니다. 그녀는 자신이 여전히 분노하고 슬퍼하며, 신에게 항의하고 따질 것이라고 말합니다. 자신의 신앙은 완전히 달라졌고, 분노만이 자신을 지탱하는 힘이라고 합니다. 나로서는 그것이 그녀에게 좋은 것인지 해로운 것인지는 묻지도 따지지도 않은 채 그저 이야기를 말없이 들어 줄 수밖에 없습니다. 어둠의 신비 앞에 그녀도 나도 답은 없습니다.

셋째 단계는 **거래**입니다. 내가 어떤 식으로 행동하면 잃어버린 것들을 회복할 수 있다고 생각하는 단계입니다. 가진 재산을 다 나누어 준다면 병이 사라질 것이라고 생각하거나, 살을 빼면 마음이 변한 남편이 돌아오리라고 생각하는 것입니다. 종교를 가진 사람들이라면 절대적으로 신의 도움을 비는 단계라고 할 수 있습니다. 상황의 본질을 보기보다는 표면적인 한 가지 조건을 수정함으로써 상실을 해결할 수 있다고 생각하는 이런 태도는 거의 요술을 바라는 마음에 가깝다고 볼 수 있습니다. 우리가 살면서 얼마나 많은 우연과 요행에 기대고 있는지 생각해 보면, 어쩌면 당연한 반응일 수도 있습니다.

거래 단계가 지나면, 깊은 **우울**의 단계에 이릅니다. 더 이상 어쩔 도리가 없음을 깨닫고 나면 온몸에 기운이 없고 식욕이 떨어지며, 깊은 두려움에 사로잡히기도 합니다. 배우자를 잃은 경우, 경제적 압박이나 정서적 외로움에 시달립니다. 밖에 나가기도, 사람들과 어울리기도 싫고, 갑자기 눈물이 나거나 신세가 처량하다는 생각이 들기도 합니다. 이 시기에 많은 사람들은 고립감 때문에 힘들어합니다. 어떤 여성은 이혼 후 우울에 빠져 잠을 잘 수가 없고, 알 수 없는 죽음에 대한 공포로 숨을 쉴 수도 없었습니다. 깊은 호흡만이 유일한 기도이자 치유책이었는데, 우울을 발견하고 그 감정을 인정하고 나니 두려움이 옅어졌다고 그녀는 말합니다. 우울할 때는 갑자기 분노가 치밀어 오르기도 합니다. 분노는 타인, 특히 가까운 사람들에게 혹은 세상을 향해 표현되지만, 그것이 내면을 향할 때는 무감각하고 자조적인 상태가 지속되기도 합니다.

이 모든 단계가 지나면 마침내 **받아들임**의 단계가 시작됩니다. 결국 상실을 자신의 일부로 받아들이고 상실과 함께 계속 앞으로 나아가는 법을 배우게 됩니다.

6R 이론

임상심리학자 테레즈 란도Therese Rando는 《사랑하는 사람을 잃은 후에도 계속 살아가는 법》*How to Go on Living When Someone You Love Dies*이라는 책에서 상실 이후 통과하는 애도의 과정을 R로 시작하는 여섯 개의 단어, Recognize(인식하기), Response(반응하기), Re-experience/Recolllect(다시 경험하기/회상하기), Relinquish(떠나보내기), Readjust(새롭게 적응하기), Reinvest(새로운 환경으로 들어가기)로 정리하고 있습니다.

이 이론의 장점은 다시 현실 상황에 적응하고 새로운 환경을 받아들이는 것까지를 애도의 과정으로 본다는 데 있습니다.

첫 번째는 **인식하기** 단계입니다. 심리적으로는 상실이 일어나지 않은 상태나 완전히 회복된 상태를 강하게 원한다 하더라도, 최소한 이성적으로는 상실을 인정할 수 있어야 합니다. 그러지 않고서는 어떤 감정도 느낄 수 없고, 성장할 수 없습니다. 이때 가장 중요한 것은 어떻게 이런 상실이 일어났는지를 이해하는 것입니다. 예를 들어 이혼을 했다면, 정확하게 무슨 일이 일어났는지, 왜 이런 일이 벌어졌고 그 과정은 어떠했는지를 정직하게 기술하고 자기 언어로 이해해야 합니다. 너무 고통스러워서, 혹은 죄책감 때문에 그 과정을 인정하지 않으면, 자신과 주변 사람들이 삶을 받아들이고 성장하는 일이 불가능해집니다.

로스엔젤레스에 사는 어떤 멕시코인 부부는 독실한 가톨릭 신자였는데, 그야말로 명목상의 결혼 생활을 유지하고 있었습니다. 남편은 지속적으로 바람을 피웠고, 관계가 시들해지면 어떤 책임도 지지 않은 채 가톨릭 신앙에 입각해 가정을 지키기 위해 돌아왔다고 말하곤 했습니다. 그러다 마침내 아내는 집을 나갔습니다. 남편은 아무 일도 없었다는 듯 아내를 비난하기 시작했습니다. 게으르고 살림도 못하고 책임감도 신앙도 없는 아내가 가정을 버렸다고 이야기하고 다닐 뿐, 아내가 왜 집을 떠나야 했는지는 진지하게 성찰하지 않았습니다. 그런 그의 삶에는 더 이상 아무런 변화도 성장도 일어나지 않았습니다. 고장 난 기계처럼 같은 말을 반복하는 그를 친구들은 하나 둘 떠나갔고, 그는 여전히 고독한 떠버리로 살고 있습니다. 나는 자신에 대한 정직성이야말로 한 인간이 얼마나 성숙했는지 볼 수 있는 척도임을 확신합니다.

두 번째 단계는 **반응하기**입니다. 이것은 상실이 촉발하는 모든 감정을 느끼고, 여과되지 않은 채 떠오르는 생각들에 두려움 없이 반응하는 과정입니다. 어떤 상실은 굉장히 큰 분노를 일으키고, 때에 따라 자신의 반응을 도저히 받아들일 수 없는 경우도 있을 것입니다. 어떤 경우에는 평상시 자신이 살아오면서 겪는 일들을 대해 온 태도와 너무 동떨어진 방식으로 반응이 나와 스스로도 낯설게 느껴질 수도 있습니다. 그럼에도 불구하고, 그 느낌이 좋은 것이든 나쁜 것이든, 모두 맛볼 수 있도록 자신을 허락해야 합니다.

떠오르는 감정에 이름을 지어줄 수 있다면, 그 사람은 아마도 자기 내면을 바라보는 데 매우 익숙한 사람일 것입니다. 슬픔, 분노, 두려움, 사랑, 죄책감, 실망 등 기본적인 감정들이 있지만, 우리 경험은 대부분 복잡하게 뒤엉켜 있습니다. 슬픔 속에도 어떤 기쁨이 있고, 사랑 속에도 깊은 미움이 자리 잡고 있는 경우가 많습니다. 실망 속에 죄책감이, 그리고 그 죄책감 속에는 타인과 상황에 대한 원망이 자리 잡을 수 있습니다.

심지어 우리는 타인의 감정을 자신의 감정으로 느끼기도 합니다. 언젠가 남자 조카와 함께 살면서 가장 슬펐던 순간이 언제였는지 이야기할 기회가 있었는데, 조카는 외할머니가 돌아가셨을 때라고 했습니다. 그는 엄마가 그렇게 슬퍼하는 모습은 처음 보았다며, 엄마가 슬퍼하는 모습을 보니 자신도 너무 슬펐다고 말했습니다. 물론 외할머니가 돌아가시는 일은 매우 슬픈 경험이지만, 근본적으로 조카의 슬픔은 엄마의 슬픔을 같이 느낀 데서 온 것입니다.

중요한 또 하나의 사실은, 우리가 가끔 감정과 생각을 혼동한다는 것입니다. 어떤 자리에서 느낌을 이야기해 보라고 하면 당황하면서 계속 생각을 이야기하는 사람들을 자주 만납니다. 이때 도움이 되는 것은 몸의 신호입니다. 배나 머리가 아프거나, 가슴이 마구 뛴다거나 하는 증세는 내면이 느끼는 감정이 자신의 고유한 방식으로 표현되는 것입니다. 화가 나면 어떤 사람은 숨이 가빠지고 어떤 사람은 배가 아픕니다. 우리는 모든 것을 스트레스라 결론 짓고 마는 경향이 있는데, 스트레스도 가만히 들여다보면 주된 감정이 있습니다. 나는 미국의 대학교에서 가르치면서 스트레스를 많이 받는데, 잘 들여다보면 그 주된 감정이 두려움인 경우가 많습니다. 그것은 사실 나의 깊은 곳에 있는 주된 감정인데, 이것이 화를 만나면 정의로움이 되기도 하고, 사랑의 감정을 만나면 연민이 되기도 합니다. 이렇게 오랜 친구를 보듯 감정을 바라보면 여러 층의 자신이 보입니다.

세 번째 단계는 **다시 경험하기/회상하기**입니다. 잃어버린 사람이나 관계를 다시 한 번 기억하고 되새기는 과정입니다. 만일 사랑하는 친구를 잃었다면, 그 친구를 처음 만났던 당시 상황이나 그와 함께 갔던 장소를 떠올리고, 또 그 곳에 가 보는 것입니다. 혹은 그 사람을 잃게 된 사건이나 경위를 있는 그대로 재현해 보는 것도 좋은 방법입니다.

내 친구 마리아는 어머니를 잃고 슬픔에 빠졌습니다. 일 이 너무 바빠 고국으로 돌아갈 수 없었던 그녀는 카메라를 하나 사서 어머니가 수년 전 미국에 왔을 때 함께 갔던 바 닷가를 걷고 또 걸으며, 어머니가 보았을 법한 모든 사물과 바다의 다양한 표정을 찍었습니다. 나중에 그녀는 자기가 찍은 사진들을 슬라이드로 만들어서 내게 보여 주었는데, 풀 한 포기에도 어머니의 시선이 담겼을 것이라 생각하고 찍은 그 슬라이드가 참 아름답고도 슬펐습니다. 그렇게 한 동안 그녀는 사진을 찍었습니다. 그에게 사진은 슬퍼할 수 있는 공간을 확보해 주는 애도의 좋은 방법 중 하나인 것 같습니다.

네 번째 단계는 **떠나보내기**입니다. 이는 상실한 관계나 환경, 사건 등에 대해 자신이 지녔던 애착을 포기하는 단 계입니다. 이 단계에서는 상실이 마음속에 현실로 자리 잡 고, 다시 일상이 있는 그대로 보이기 시작합니다. 한 친구는 고등학생 때 아버지가 돌아가셨는데, 장례를 마치고 학교에 가니 세상은 예전 그대로 돌아가고 있고, 자신만 혼자 달라져 있는 그런 느낌이 들었다고 했습니다. 그래서 가수 이소라가 부른 〈바람이 분다〉를 혼자 계속해서 들었다고 했습니다. 이 단계는 그 노래의 가사처럼, "세상은 그대로인데 나만 혼자 달라져 있는" 느낌에서, 다시는 이전으로 돌아갈 수 없다는 사실을 받아들이는 상태가 됩니다. 물론 슬픔, 분노, 그리움 같은 강력한 감정들이 이따금 찾아오지만, 그래도 일상의 일들이 조금씩 자연스럽게 보이기 시작합니다.

다섯 번째는 새롭게 적응하기, 즉 일상을 시작하는 단계입니다. 경우에 따라서 이 단계에서는 집중력이 떨어지거나 쉽게 피로를 느끼기도 합니다. 일상에 너무 서둘러 복귀하다 병이 나기도 합니다. 특히 이 시기는 상실 후 관계들이 다시 정립되는 단계입니다. 예를 들어, 살림을 맡던 어머니가 돌아가시고 나면 가족 중 누군가가 그 책임을 맡거나, 가족들이 나누어 맡게 됩니다. 이 기간은 몇 달 혹은 몇 년이 걸릴 수도 있습니다. 많은 경우, 이 적응기는 2단계의

'반응하기' 단계에서 이미 시작된다고도 볼 수 있습니다.

여섯 번째 단계는 **새로운 환경으로 들어가기**입니다. 사랑하는 사람이나 공동체를 잃은 사람이 새로운 관계를 찾기 시작하는 단계입니다. 새로운 취미에 몰두하거나, 남아 있는 가족들에게 마음을 쓰기도 합니다. 이때 조심해야 할 것은, 같은 상실을 경험한 가족들끼리도 서로 다른 단계에 있을 수 있다는 점입니다.

에밀리는 대학교 2학년 때 어머니를 잃었습니다. 자신은 여전히 어머니가 그립고 한 학기가 지나 겨우 상실의 충격에서 헤어나 학업에 집중할 수 있게 되었는데 아버지가 어머니의 친구였던 여성과 데이트를 시작하는 것을 보고 배신감을 느끼지 않을 수 없었습니다. 그 여성을 아빠의 여자친구로 만나고 싶지 않았던 그녀는 여름방학에 집에 돌아가지 않았습니다. 이렇게 한 사람은 새로운 환경 속으로 들어가는 단계가 시작되었지만 다른 사람은 아직 그렇지 못한 경우, 서로 소통을 충분히 하지 않으면 남아 있는 사람들 사이의 관계가 깨어질 수도 있습니다. 그래서 애도의 시기에 가장 중요하고 필요한 것 중 하나는 남은 이들끼리의 소통이라고 할 수 있습니다.

호로비츠의 4단계 모델

정신과 의사인 마르디 호로비츠Mardi Horowitz는 정상적인 애도의 과정을 4단계로 설명합니다.[*] 첫 단계는 **아우성치기** 입니다. 사람들은 중요한 사람이나 어떤 지위를 잃었음을 깨달을 때 대부분 화를 낸다고 합니다. 대놓고 소리 지르고 고함을 치기도 하고, 울거나 주저앉기도 합니다. 겉으로 드러내기보다 자신의 내면으로 들어가 괴로워하고 다른 사람들과 나누지 않는 사람들도 있는데, 이들은 스스로 감정을 너무 눌러서 별다른 느낌이 들지 않을 수도 있고, 통제가 불가능할 만큼 감정이 북받칠 때가 오기도 합니다.

나는 어머니가 돌아가셨다는 소식을 듣고 어느 길가에 차를 세워 놓고 소리를 질러대는 자신을 발견한 적이 있습니다. "엄마가 감히 나를 두고 어떻게 이럴 수 있어!"라고

● Kathryn Patricelli, "Stages and Process of Grief," at https://www.mentalhelp.net/articles/stage-of-grief-models-horowitz/. Accessed on July 27, 2017.

30분 정도 고함을 질렀는데, 한참 후에야 정신이 들면서 엄마가 떠나실 때가 되어 떠나신 것이라는 생각과 함께 눈물이 흐르기 시작했습니다. 그러니까 이 아우성치기는 슬픔이라는 고급한 감정보다 훨씬 동물적이고 원초적인 반응으로서, 일종의 내면적 폭발 같은 것입니다. 겉으로 표현되든 그렇지 않든, 이 폭발은 많은 에너지가 소모되며 또 아주 오래가지는 않는 것이 특징입니다.

호로비츠는 그 다음 단계에서 **부인**과 **몰입**이 반복된다고 말합니다. 일정 기간은 상실의 경험을 생각하지 않고 다른 일에 몰입하다가, 다시 상실의 아픔이 물밀 듯 밀려오면 의식적으로든 무의식적으로든 부인을 하게 됩니다. 이런 부인은 죄책감이나 허무감으로 이어지기도 합니다. 이 모든 것은 힘든 체험을 통과해 가는 가운데 균형을 유지하려는 자연스러운 움직임으로 생각할 수 있습니다. 이때 주의를 다른 곳으로 돌리면, 큰 산이 무너지는 것처럼 힘든 체험이 제법 견딜 만하게 느껴지고, 숨 쉬기조차 힘든 격한 감정도 조금 누그러집니다.

다음 단계는 **극복**working through입니다. 사람마다 다르겠지만 이런 반복이 며칠, 몇 주, 몇 달간 지속되다 보면, 상반된 감정들의 움직임이 좀 느려지다가 점차 상실을 생각하며 보내는 시간이 줄어듭니다. 설사 그것을 생각하더라도 처음보다는 강도가 약해집니다. 보통 이 시기에 사람들은 애도를 지속하는 동시에 잃어버린 상황이나 관계를 인정하고 새롭게 삶을 꾸려 나갈 방도를 모색한다고 합니다. 여자친구와 헤어진 사람이 새롭게 데이트를 시작하거나 계획하고, 새로운 취미에 몰두할 수도 있습니다.

이 과정을 거치면 **완성** 단계가 오는데, 물론 애도가 완성된다는 말에는 좀 어폐가 있지만 이때 어느 정도 삶이 다시 정상으로 돌아옵니다. 매우 극적인 상황을 지나 정상적인 삶의 리듬이 시작되는 시기인 것입니다. 상실의 기억은 남아 있지만 그에 결부된 감정으로 인한 아픔은 훨씬 줄어들고, 고통은 삶에 대한 지배력을 차츰 상실합니다. 물론 사별한 이의 기일이 된다거나, 이혼한 배우자의 생일 혹은 결혼기념일 같은 날이 오면 아픈 기억이 돌아오지만, 이때의 아픔은 어디까지나 일시적인 것입니다.

지금까지 세 가지 이론을 소개했는데, 상실에 대한 반응과 적응 과정은 개인마다 다를 수밖에 없습니다. 하지만 사람들의 애도 과정에는 문화와 지역을 초월한 보편적인 요소들이 있고, 이 세 이론 사이에도 공통되는 내용이 있음을 확인할 수 있습니다.

　엘리자베스 퀴블러 로스의 5단계 이론은 거의 정설로 널리 알려져 있지만, 최근 여러 가지 비판이 제기되고 있습니다. 어떤 단계로 사람의 상황을 설명하는 이론 자체가 그다지 환영받지 못하는 추세 때문인데, 복잡하고 다양한 개인의 경험을 과연 일반적인 다섯 단계에 기계적으로 끼워 맞출 수 있을까 하는 의문이 제기된 것입니다. 부인, 분노, 거래, 우울, 받아들임이라는 다섯 가지 요소는 상실을 겪은 사람들의 내면에 뒤섞여 함께 존재한다고 볼 수 있습니다. 대상을 잃었다는 사실을 잘 받아들이는 것 같다가도 어떤 날은 전혀 받아들이지 않기도 하고, 어떤 날은 우울하다가 갑자기 분노와 억울함이 생기길 수도 있으니까요. 그래서 이 장에서 소개한 애도 이론들을 대할 때 중요한 것은, 애도를 전반적으로 통합을 이루어 가는 과정으로서 이해하는 것입니다. 그리고 한 반응이 완전히 끝난 후에야 반드시 다음의 반응이 시작된다기보다는 순서가 바뀌거나 어떤 부분은 건너뛸 수도 있고, 사람마다 각자 다른 정도와 기간을 두고 이 과정을 지나간다는 점을 기억하는 것이 좋습니다.

이때 모든 과정은 중시되어야 하고, 서두르지 말고 각 단계에서 일어나는 감정들을 자연스럽게 대하며 아픔과 불편함을 보듬는 부드러움과 인내심이 꼭 필요하다고 나는 생각합니다. 혹시 마음을 무겁게 누르는 과거의 상실 체험이 있다면, 자신이 어떤 애도의 과정을 거쳐 왔는지 이 이론들을 중심으로 점검해 본다면 영혼의 성숙에 유익할 것입니다. 당시에는 대면하기 힘들어서 바라보지 못하고 충분히 애도하지 못했던 상실들은 내면에 크고 작은 자국들을 남기기 때문입니다. 이렇게 상실 체험에 반응하고 일상으로 돌아오는 과정이 어느 정도 끝나면, 이 체험을 통해 삶의 의미를 찾는 단계로 나아갈 수 있습니다(이 내용은 4장에서 다루도록 하겠습니다).

영적 연습

1. 자신이 겪은 상실을 떠올려 봅니다.

2. 이 장에 소개된 모델 중 하나를 선택해 적용해 봅니다. 충분히 거치지 않은 단계가 있습니까? 그것은 무엇 때문이었습니까?

3. 선택한 상실 체험에 대해 자신이 주로 표현하는 방식은 이 과정들 중 어느 것입니까? 예를 들어 주된 표현이 분노라면, 자신이 왜 분노에 머무르고자 하는지 생각해 봅시다.

4. 자신이 이 체험에 반응하는 주된 방식은, 다른 사건들을 대할 때 반응하는 방식과 비슷합니까? 그렇다면 그것은 무엇이고, 또 어디서 오는 것 같습니까?

5. 만일 그렇지 않다면, 무엇이 자신으로 하여금 이렇게 다르게 반응하게 합니까? 이 사건은 삶에서 일어난 다른 사건과 어떻게 다릅니까?

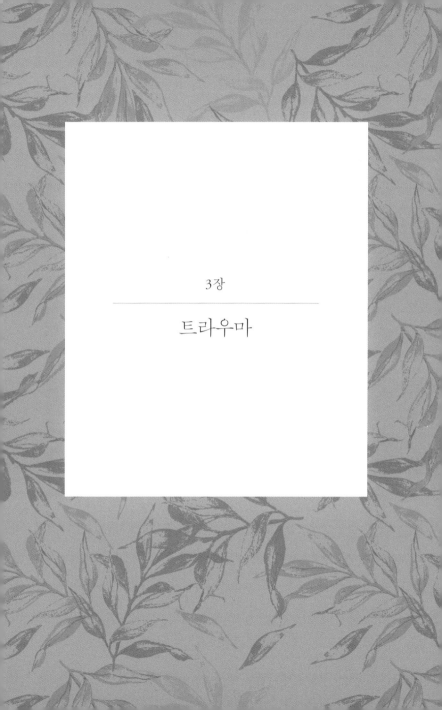

3장

트라우마

심리적 외상을 뜻하는 트라우마trauma라는 용어는 요즘 우리 사회에서 자주 입에 오르내리는 말 중 하나입니다. 미국에서는 이라크 전쟁이나 아프가니스탄 전쟁에서 돌아온 병사들이 심각한 심리 증세를 앓는 현상에 대한 논란이 커지면서 트라우마에 대한 관심이 급증했습니다. 보스니아나 르완다의 내전으로 사람들이 겪어야 했던 육체적·정신적 고통도 트라우마에 대한 관심을 촉발시킨 중요한 계기가 된 것 같습니다. 한국의 경우도, 광주 민주화 운동이나 바로 눈앞에서 300여 명의 고등학생들이 죽어가는 것을 지켜보아야 했던 세월호 참사 같은 집단적 체험은 분명 국가적 차원의 트라우마라고 할 수 있습니다. 일반적으로 극심한 고통을 수반하는 상실을 트라우마라고 부르는데, 이 장에서는 트라우마란 좀 더 정확히 어떤 개념인지, 그리고 그것을 어떻게 치유할 수 있는지 살펴보겠습니다.

트라우마란 무엇인가?

일반적으로 트라우마는 한 사람이 개인적으로 다룰 수 있는 범위를 넘어서는 경험이나 사건 혹은 견뎌 내야 하는 조건을 의미하는데, 주관적으로 그 상태를 통합할 수 없거나 몸, 정신 건강, 심지어 생명을 위협하는 상태에 놓이는 것을 전제합니다.* 여기서 굳이 '주관적'이라고 말하는 이유는 같은 사건을 경험한다 하더라도 사람마다 견뎌 내는 방식이 달라서 어떤 사람에게는 트라우마가 되지만 다른 사람에게는 그렇지 않을 수도 있기 때문입니다. 그러니까

- Esther Giller, "What is Psychological Trauma?" www.sidran.org/resources/for-survivors-and-loved-ones/what-is-psychological-trauma/accessed on Aug 26, 2017.

극단적 형태가 아닌 일반적인 상실 체험이라도 해도 그 상황을 인식하고 그에 반응하는 주체가 상황에 압도되었을 때, 트라우마를 입었다고 보는 것입니다.[*]

트라우마를 겪는 사람들은 우울증과 두려움, 무력감과 절망감에 시달리고, 수치심, 퇴행, 부인, 공격성을 보입니다. 또한 자신이 삶의 주인이라는 느낌을 가지지 못하는 경우가 많습니다. 눈을 감으면 트라우마를 일으킨 충격적인 장면이 떠오르기도 하고, 정신을 집중하기가 힘들며, 윙 하는 소리가 들리거나 희미한 빛이 눈에 나타나 잠들지 못하기도 합니다. 결국 트라우마가 다른 상실 체험보다 특별하게 여겨지는 것은 그 강도 때문이라고 할 수 있겠습니다. 스스로 치유하기 어려울 만큼 큰 상처를 입은 상태, 상실이 극대화된 경험이 트라우마라고 할 수 있습니다.

한편으로 트라우마는 자동차 사고나 주사 맞기, 사나운 개에게 물리는 경험 등 사소하고 개인적인 일일 수도 있습

- Peter A. Levine, *Healing Trauma: A Pioneering Program for Restoring the Wisdom of Your Body*(Canada: Sounds True, 2008). 《몸과 마음을 잇는 트라우마 치유: 몸을 통해 마음의 힘을 회복하는 12단계 트라우마 치유 프로그램》(학지사 역간).

니다. 그런데 다른 한편으로 가정 폭력, 특히 친족에게 당하는 성폭력, 언어 폭력 등의 극단적 경험이 지속될 때 피해자는 트라우마를 겪게 됩니다. 폭력으로 인한 트라우마는 깊은 수치심을 심을 뿐 아니라, 주체성을 가진 한 인격으로 살아가지 못하게 방해합니다. 특히 남편이 자녀에게 폭력을 행사할 때, 자녀를 지키지 못한 어머니는 대개 자신도 그 폭력의 피해자이면서 자녀가 당하는 피해 앞에서 무력한 자신을 가해자로 느끼는 이중의 고통을 당하기도 합니다. 자녀 역시 어머니를 같은 피해자인 동시에 폭력의 주체로 의식하게 됨으로써 어머니와 자녀의 관계도 왜곡될 수 있습니다.

아주 발랄하고 붙임성 좋던 한 젊은 여성이 맞선을 보고 결혼을 했습니다. 그런데 결혼 이후 자신이 자라난 환경에서는 도저히 생각할 수 없었던 언어 폭력이 시작되었습니다. 남편은 거의 매일 술을 마시고 늦게 들어와 소리를 지르고 물건을 집어 던졌고, 마침내 그녀를 때리기 시작했습니다. 이런 일이 반복되자 그녀는 밤이 어두워지기만 하면 두근거리는 심장을 주체할 수 없었습니다. 친구들과 어울리는 자리에서도 잠시도 쉬지 않고 테이블을 닦아 대는가 하면, 다른 사람의 말에 집중하지 못하고 안절부절 못했습니다. 지금은 재혼을 하고 안정적인 삶을 살고 있으면서도, 그녀는 칼부림의 위험에서 극적으로 탈출했던 그 달이 되면 여전히 심장이 두근거리고 온몸이 붓고 불면증에 시달린다고 말합니다.

트라우마 다루기

지금까지 가장 많이 다루어진 트라우마 사례는 바로 나치 정권하에서의 유대인 학살일 것입니다. 이 사건을 다룬 영화들이 지금도 제작되고 있고, 나치 수용소에서 살아남은 아버지를 인터뷰한 내용을 그린 아트 슈피겔만Art Spiegelman 의 《쥐》Maus는 만화로서는 처음으로 퓰리처상을 받은 작품입니다. 생존자들은 혹심한 경험으로 인한 트라우마에서 쉽게 벗어나지 못하며, 그 트라우마는 몇 대를 거쳐 이어진다고 합니다. 게다가 이 역사는 피해자인 유대인뿐 아니라 가해자인 독일 국민에게도 깊은 트라우마로 남게 되었습니다. 많은 독일인들의 정서 속에는 깊은 죄책감과 민족적 수치심이 뿌리 깊게 남아 있다고 합니다.

그렇다 보니, 어떤 부류의 사람들이 이런 트라우마를 더 잘 극복하는가에 대한 연구들은 많은 관심을 받아 왔습니다. 대표적인 예가 윌리엄 헬름라이히William Helmreich의 연구인데, 그는 미국에 살고 있는 유대인 학살 생존자 14만 명을 6년간 인터뷰하고 그 결과를 분석했습니다. 그 분석에 의하면 유연성, 단호함, 끈기, 용기, 집단의식, 긍정적 사고방식, 거리를 두는 능력, 의미를 찾는 능력 등을 가진 이들이 트라우마를 겪은 후에도 건강하고 성공적인 삶을 누린다고 합니다.*

한편 트라우마에 관해 새롭게 이루어지고 있는 많은 연구들은 모임이나 공동체의 중요성을 강조하는 경향이 있습니다. 인간은 서로를 치유하는 능력이 있어서 대인 관계나 공동체 모임의 역동이 치유에서 핵심적인 역할을 한다는 것입니다. 함께할 때 누구나 더 깊은 안정감을 느끼고,

---

* 참조. William Helmreich, *Against All Odd: Holocaust Survivors and the Successful Lives They Made in America*(New York: Routeledge, 1992).

소외된 감정을 극복할 수 있습니다. 특별히, 공감하는 사람들, 서로 거부당할 염려가 없는 사람들의 모임은 상처를 회복해 나갈 수 있는 좋은 공간이 됩니다.

트라우마 극복에 대한 연구에서 가장 중요한 인물인 주디스 허먼Judith Herman은 트라우마를 딛고 일어나는 세 단계의 과정이 있다고 설명하는데, 그 내용을 좀 더 자세히 소개하겠습니다.[●]

안전한 환경 | 첫째 단계는 트라우마를 경험한 사람에게 힘을 북돋아 주는 것으로, 안전한 환경을 제공하여 생존자로 하여금 자신이 이제는 안전하다고 느낄 수 있도록 하는 것입니다. 트라우마를 겪은 사람들은 소리나 빛에 굉장히 예민할 수 있습니다. 또한 자신이 겪은 트라우마와 비슷한 꿈을 꾸기도 하는데, 어릴 때 성폭행을 당한 한 남성은 꿈속에서 어떤 방에 갇히는 꿈을 지속적으로 꾼다고 이야기

● Judith Lewis herman, *Trauma and Recovery: The Aftermath of Violence–from Domestic Abuse to Political Terror*(New York: Basic Books, 1992).《트라우마: 가정 폭력에서 정치적 테러까지》(플래닛 역간).

합니다. 트라우마를 치유하기 위해서는 먼저 이런 예민함과 불안감을 해소하고 안전감을 느낄 수 있게 해야 합니다. 이 안전감은 생존자로 하여금 자신이 스스로 삶을 지휘하는 사람이라는 의식을 갖게 합니다.

기억과 말하기 | 둘째 단계는, 트라우마가 된 그 사건을 기억하고 자신이 경험한 상실을 슬퍼할 수 있도록 도와주는 것입니다. 이 단계는 일반적인 애도 과정과 같습니다. 주디스는 여기서 '이야기하기'의 중요성을 강조하는데, 이것은 자신이 겪은 트라우마를 이야기로 엮어서 말하는 것을 뜻합니다. 대부분의 트라우마 생존자는 자신이 겪은 일을 말하기 힘들어 하기 때문에 다양한 형태의 시도가 필요합니다.

이야기를 한다는 것은 그 상황에 대해 어떤 관점이 생긴다는 것입니다. 다시 말하면 이야기를 함으로써 그 상황을 분석하고 해석하며, 자신의 삶에서 어떤 의미가 있는지 찾는 작업이 시작되는 것입니다. 그런데 이는 그리 쉬운 일은 아닙니다. 너무 힘든 기억들은 머릿속에서 지워져 제대로 기억할 수 없거나 듬성듬성 쪼개지기 쉽기 때문입니다. 또 이야기를 하면서 육체적으로 고통스러워지는 경우도 있습니다. 그러므로 이야기를 듣다가 상대방이 너무 괴로워한다면 언제든지 멈추어 그 이야기에(엄밀히 말하면 트라우마에 대한 기억에) 눌려 힘들어지지 않도록 해주어야 합니다.

생존자들은 자신의 충격적인 경험에 대해 감정을 표현하기를 어려워합니다. 그 경험에서 거리를 두기 위해 감정을 의도적으로 배제한 채 기계적인 보고 형식으로 이야기를 해 나가기도 합니다. 또 마치 꿈 이야기를 하는 것처럼 이야기가 토막 나 있거나, 감정은 굉장히 분명하고 또렷하지만 내부에 새겨진 충격과는 거리가 멀고 단절되어 있으며 생략된 부분도 많아 이야기가 잘 이어지지 않기도 합니다. 이런 것을 섬세하게 인식하는 것이 치유로 다가가는 첫걸음이라 할 수 있겠습니다.

이 단계에서는 생존자가 감정을 포함한 기억들을 자유롭고 편안하게 표현할 수 있도록 상징이나 이미지, 몸동작 등을 사용할 수 있습니다. 그림으로 이야기하거나 색칠을 하면서 자신의 체험과 안전한 거리를 둘 수도 있습니다.

몸을 사용하는 것은 굳어 버린 감정이 작동하는 데도 많은 도움이 됩니다. 힘들었던 기억을 몸으로 표현하다 보면 그 상태를 자연스럽게 재현하게 되고 억눌린 감정이 올라오기 때문입니다. 이런 식으로 트라우마 생존자가 상상을 보태거나 어떤 방식으로든 자기 경험을 이야기해 나가는 일은 매우 중요합니다. 물론 우리는 그들이 아픔을 완벽하게 극복하기를 기대해서는 안 됩니다. 중요한 것은 그 경험으로부터 거리가 생기는 것이며, 그렇게 새로 시작되는 자신의 삶을 바라보기 시작한다면 성공적인 작업이라 할 수 있습니다.

한편으로, 트라우마에 대해 개인적인 차원으로만 접근하는 태도는 좋지 않습니다. 사실상 인간이 겪는 많은 트라우마들이 정치적이고 구조적인 상황 속에서 발생하기 때문입니다. 우리는 20세기 초 일제의 식민통치 아래 많은 민중이 혹독한 수탈을 당하고 소녀들까지 위안부로 끌려가야 했던 고통스러운 기억을 가지고 있습니다. 이 끔찍한 경험은 개인의 트라우마를 넘어 민족 전체가 경험한 트라우마입니다.

우리에게는 잘 알려져 있지 않지만 같은 시대에 일본계 미국인들도 집단적 트라우마를 겪었습니다. 일본인 3세인 내 동료 하루코의 부모님은 재미 일본인 강제수용the Japanese Internment* 사건의 피해자였다고 합니다. 수치스러운 일을 결코 이야기하지 않는 일본인들의 문화적 특성으로 인해, 어린 나이에 강제 이주를 당하고도 그녀의 부모님은 가정에서 결코 그 일을 입 밖에 내지 않았습니다. 하지만 많은 인터뷰에 기반한 하루코의 연구를 보면, 이렇게 침묵하는 태도는 은연중에 많은 일본계 미국인들의 심리를 억압하며 주체적 삶을 방해해 왔고 그 사건을 심각한 트라우마로 발전시켰음을 알 수 있습니다.

반면, 라틴 아메리카나 아프리카 등지에서는 트라우마를 극복하고자 노력해 온 사례들이 많습니다. 콩고, 르완다, 페루 같은 나라에서는 끊이지 않는 내전 속에서 무고한 사람들이 무자비하게 학살되었고, 이후 민간인 차원에서 회복을 위한 민중 문화 운동이 여기저기서 일어났습니다. 페루

● 제2차 세계대전 중 미국의 적국이었던 일본에서 이민 온 일본계 미국 시민들을 강제로 이주시킨 사건.

에서는 1980년대부터 2000년에 이르기까지 반란군과 정부군 사이에 지속적으로 내전이 있었는데, 이 갈등 속에서 2만여 명의 안데스 산악 지역 주민들이 실종되거나 살해되었습니다. 시신을 찾지 못한 가족들은 극심한 트라우마를 경험했고, 이를 치유하고자 활동하는 작은 극단들이 생겨났습니다. 그중에 '나는 기억한다'라는 뜻인 유 야치카니Yu yachkani라는 이름의 연극 팀은 산악 지역으로 가서 연극 공연을 합니다. 가족을 잃고 시신조차 찾지 못한 사람들의 아픔을 치유하기 위해 이들은 그리스 비극 《안티고네》를 연기하는데, 국왕의 명을 어기고 동생의 시신을 묻어 준 안티고네의 행동이 많은 사람의 아픔에 공감을 주고 카타르시스를 일으키기 때문입니다. 또한 주민들에게서 들은 이야기를 극으로 만들어, 충격적 경험을 감정적으로 체화하고 이성적으로 소화할 수 있는 공간을 제공합니다.

독일의 정치신학자 요한 메츠Johann Metz는 '위험한 기억'에 대해 이야기하면서, 기억하지 않으면 존재하지 않는 것이 되어 버릴 수 있고, 지나치게 개인화해 버린 기억은 트라우마를 남긴 경험에서 꼭 간직해야 하는 의미를 희석시

킨다고 말합니다. 그래서 지속적으로 이야기하는 것이 중요합니다. 특히 전쟁과 같은 극단적인 폭력 속에서 발생한 정신적인 고통이 해결되지 않고 있다면, 이런 공동체적 기억을 지우지 않고 계속해서 이야기하며 화해와 치유를 건설해 가는 일이야말로 어쩌면 전 인류에게 주어진 중요한 과제가 아닐까 합니다.

세상과 연결되기 | 마지막 단계는 트라우마로부터 회복되어 다시 세상과 연결되도록 돕는 것입니다. 이 단계에서는 생존자들이 자기 삶을 스스로 주관한다는 생각을 갖는 것이 가장 중요합니다. 극심한 상처를 입은 트라우마 생존자들은 자기 속으로 폐칩하기 쉽습니다. 그래서 존 하비 John H. Harvey 같은 학자는 트라우마 생존자들이 다른 사람들을 도와줌으로써 사회와의 연결 고리를 되찾게 하는 것이 효율적인 방식이라고 이야기합니다.[•] 얼마 전 한국에서 한 종교인에게 성추행을 당한 여학생이 합의금으로 받은

• John H. Harvey, *Give Sorrow Words: Perspectives on Loss and Trauma* (Philadelphia, PA: Taylor and Francis, 2000), p. 218.

1천만 원을 고스란히 성폭력 피해 여성을 돕는 여성 단체에 기부한 일이 알려졌습니다. 자신의 상황에만 몰두하지 않고 다른 여성들이 폭력을 당하는 일을 방지하고 피해 여성들이 건강하게 살 수 있도록 돕는 일에 마음을 쏟는 이런 행동은, 자신의 트라우마를 극복하는 데도 매우 효과적이라고 할 수 있습니다.

이 단계에서 또 한 가지 필요한 것은 긍정적으로 용서하고 화해하는 작업입니다. 가장 이상적인 것은 진심으로 사과하고 또 사과를 진심으로 받아들이는 일일 것입니다. 트라우마를 준 상대 혹은 그 사건을 용서하지 못하면 앞으로 나아가지 못한 채 계속 같은 상태에만 머무를 수 있기 때문입니다. 하지만 설익은 사과나 화해는 오히려 아픔을 배가시키고 트라우마를 더 깊이 억누를 수 있음도 기억해야 할 것입니다. 특히 용서를 강조하는 기독교인들의 그룹에서 이런 일이 일어나기가 쉬운데, 즉각적으로 무조건 하는 용서보다는 단계적인 접근이 필요하다고 생각합니다. 내적 성찰과 충분한 시간적 여유 없이 즉각적으로 용서해 버리는 경우는 자신의 아픔을 부정하고 바라보려 하지 않는 마음의 표현일 수 있으며 위험합니다. 또한 트라우마가 인격의 억압이나 폭력을 동반한 경험에서 온 경우, 단순한 용서는 불의를 정당화하는 데 일조할 수도 있습니다.

몸을 사용하는 작업

트라우마 치유에 대한 또 다른 접근은 뇌과학적 차원에서 이루어지고 있는데, 이 분야의 학자들은 트라우마를 뇌의 특정 부위가 손상된 상태로 해석합니다. 그 대표자인 베셀 반 데어 콜크Bessel Van Der Kolk는, 손상된 뇌를 회복하기 위해 언어와 함께 춤이나 놀이처럼 몸으로 표현하는 방법을 제안합니다.* 그 동안 치유가 스토리텔링 중심으로 진행되었다면, 이제는 몸의 움직임을 통해 몸에 기억된 상처를 치유하는 방식으로 옮겨갔다고 볼 수 있겠습니다. 트라우마가 있는 사람들은 자기가 겪은 이야기를 잘 설명하지 못하는 경우가 많은데, 논리적 사고와 언어 능력을 지배하

---

* Bessel Van Der Kolk, *The Body Keeps the Score: Brain, Mind, and Body in the Healing of Trauma* (New York: Penguin Books, 2014).《몸은 기억한다》(을유문화사 역간).

는 오른쪽 뇌가 손상된 데 원인이 있음이 밝혀졌습니다. 이럴 경우 명상이나 집단 연극, 리드미컬한 운동 등 몸을 통한 작업이 회복에 유익하다고 합니다.

트라우마 센터에서 놀이 프로그램을 운영하는 스티브 그로스Steve Gross는, 공을 굴리거나 서로 주고받으며 함께 리듬감을 느끼는 동작을 통해 차단된 뇌의 사회적 개입 유도 시스템Social Engaging System이 되살아날 수 있다고 주장합니다.[●] 또 심각한 정신적 외상을 입은 사람들에게는, 모임 전에 의자 놓는 일을 돕거나 사람들과 함께 리듬에 맞춰 의자를 손으로 톡톡 치는 동작을 하는 것이 그 의자에 앉아 아픈 기억을 이야기하는 것보다 훨씬 도움이 될 수 있습니다. 또한 최근에는 명상이나 호흡, 요가, 태극권(타이치) 등이 트라우마 치유에 많이 사용되고 있습니다.

놀이에 주력하는 인터플레이는, 느슨하고 긴장감 없는 놀이를 통해 심리적 외상으로 굳어진 몸과 마음을 유연하게 하고 위험을 과도하게 인지하는 기제를 재편성하며 대인

● 같은 책, p. 146.

관계를 도와줍니다. 인터플레이는 여러 사람이 함께하는 작업으로, 몸으로 함께 스토리텔링을 하거나 자유롭게 동작을 지어내고, 한 조를 이루어 하나의 주제로 호흡을 맞추기도 합니다. 예를 들어 '다리'라는 주제를 주면, 그룹 사람들은 어떤 형태로 다리를 만들고 어떤 방식으로 표현할지 함께 토론하고 실행합니다. 이런 작업은 누구든지 참여할 수 있고, 자연스러운 접촉과 소리내기, 달리기 등 다양한 감각적 표현이 개입되기 때문에 매우 흥이 납니다. 그 밖에 서로의 동작을 읽어 주는 거울 작업, 함께 춤추는 작업 등도 여러 심리적 외상을 치료하는 데 유익하게 사용됩니다.•

트라우마와 상실 체험

상실이 극대화된 것이 트라우마라고 한다면 트라우마를 일종의 상실 체험으로 받아들일 수 있을 것입니다. 또 상실 이후 애도 과정이 생략될 때 그것이 트라우마로 발전할 수

• 몸으로 하는 작업들에 대해서는 《사려 깊은 수다》(옐로브릭), pp. 144-147, 206-217를 참조하라.

있다는 점에서도 트라우마가 상실 체험의 연속선상에 존재하는 것임을 알 수 있습니다.

어느 40세 여성이 갑자기 교통사고로 남편을 잃고 심한 우울증을 앓았습니다. 그래서 치료사를 소개받아 심리치료를 하고 있었는데, 그 과정에서 예기치 못한 과거의 트라우마를 발견했습니다. 그녀는 어려서부터 노래를 했고 성악가가 되고 싶었는데, 열일곱 살에 그만 성대 결절을 앓고 음악을 포기해야 했습니다. 당시에는 그 일에 크게 신경을 쓰지 않았다고 합니다. 그녀의 인생에는 음악 말고도 재미있는 것들이 많았기 때문입니다. 수술 후 그녀는 오스트레일리아에 가서 원주민들과 생활하기도 하고, 그곳 대학교에서 공부하고 약혼도 했습니다. 그래서 목소리를 잃었다는 것에 크게 상처받지 않았다고 생각한 것입니다. 그 경험이 자신에게는 그다지 고통스럽지 않았는데 어떻게 트라우마가 될 수 있느냐고 그녀가 물었을 때, 심리치료사는 목소리를 잃어버린 경험에 대한 애도 과정을 생략하면서 그것이 트라우마로 발전한 것 같다고 말해 주었습니다.

애도의 과정을 거치지 않고 눌러 놓은 상실 체험은 트라우마와 연결되어 있다고 볼 수 있습니다. 누구나 일상을 살아가면서 겪게 되는 상실은 마땅히 존중되어야 하고, 상실을 경험하는 모든 이들은 슬퍼하는 과정 속에서 삶의 질을 변화시켜 나갈 기회가 필요합니다. 그러기 위해서는 자기 삶을 들여다보는 연습과 아픈 경험을 두려움이나 수치심 없이 바라보는 용기, 그리고 주변 사람들의 아낌없는 지지가 필요한 것입니다.

영적 연습

1. 자신의 삶을 돌아보면서, 트라우마가 될 만한 사건이 있었다면 무엇일까 생각해 봅니다.

2. 자신의 이야기를 3인칭 시점으로 적어 봅니다.

3. 나에게 트라우마를 준 사람에게 해주고 싶은 이야기를 적습니다. 어떤 사람으로 인한 것이 아니라면, 그 상황과 관련해 자신에게 해주고 싶은 이야기를 적습니다.

4. 이 이야기나 사건을 상상력을 가지고 마음껏 바꾸어 봅니다.

5. 트라우마를 지닌 사람으로서, 도와주고 싶은 사람이 떠오른다면 어떻게 돕고 싶은지 생각해 봅니다.

6. 나비를 그립니다. 왼쪽 날개에는 나에게 트라우마를 준 사람 혹은 사건을 상징하는 단어를, 오른쪽 날개에는 돕고 싶은 사람들을 상징하는 단어를 적습니다.

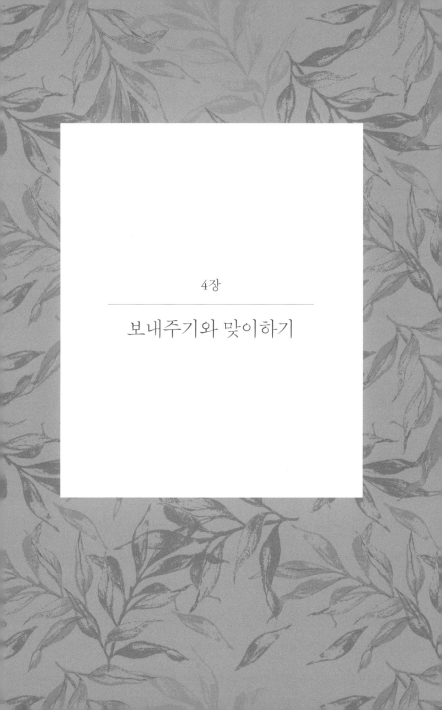

4장

보내주기와 맞이하기

삶을 잘 관조하며 걸어가는 사람들은, 슬퍼하는 과정 속에서도 자신이 누구이고 어떤 성향인지 잘 이해하는 것을 바탕으로 상실 체험을 소화해 갑니다. 그럼으로써 그들은 한층 성숙해진 삶으로 나아갑니다. 반면에 그런 과정이 제대로 진행되지 않는다면 술에 의지하거나 나쁜 습관에 빠지기도 하고 심리적인 병을 얻기도 합니다. 애착 이론으로 유명한 존 볼비John Bowlby는, 《상실: 슬픔과 우울증》*Loss: sadness and depression*이라는 책에서 감정이 전혀 표현되지 않는 슬픔, 또는 끝없이 계속되기만 하는 슬픔을 병적인 것으로 규정합니다. 즉, 어떤 특정한 반응에만 계속 머무르거나 상실에 대한 반응을 아예 보이지 않는다면 문제가 있는 것입니다.

그래서 이 장에서는, 슬퍼하는 과정에서 병적인 상태에 빠지지 않고 건강한 변화와 성숙으로 나아가는 길을 살펴보고자 합니다. 그러기 위해서 먼저 '보내주기let it go-맞이하기let it come'라는 개념을 설명하려고 합니다. 이는 누구나 경험하는 상실의 체험을 잘 설명할 수 있는, 각자의 차이를 인정하면서도 대다수 사람들이 자기 체험을 돌아보는 데 사용할 수 있는 개념입니다.

먼저 '보내주기'는 내면에서 자신을 괴롭히는 어떤 주제나 이슈를 떠나보내는 마음의 태도를 의미합니다. 얼핏 듣기에는 아주 좋은 말이지만, 과감히 떠나보낸다는 것이 그리 쉬운 마음의 작동은 아닙니다. '보내주기'를 하기 위해서는 자신을 바라보는 용기(자신의 실수나 잘못, 혹은 건강하지 못하게 반복되는 패턴을 대면하는 정직함도 포함합니다), 자신의 문제가 다른 사람의 문제와도 얽혀 있음을 보면서 상대를 용서하고 자기를 용서하는 고단한 작업이 필요합니다. 화가 나 있거나 냉담한 표정으로 '나는 이미 떠나보냈으니 더 이상은 생각하고 싶지 않다'고 못 박아 버리거나,

이제 그만 눈앞에서 사라져 달라고 하는 것은 부인 혹은 분노의 또 다른 이름일 뿐입니다. 또 중요한 사실들을 인정하지 않고 감정이나 생각을 억누르거나 이제 결론에 도달했다고 적당히 치부하는 태도 역시 진정한 의미의 '보내주기'라고 볼 수 없습니다.

그렇다면 이상적인 '보내주기'란 어떤 모습일까요? 그것은 바로, 이제 막 극복하고 나온 상실의 체험 혹은 그로 인한 슬픔이 다시 나를 찾아와도 좋다는 '맞아주기', 즉 '렛 잇 컴'의 자세입니다. 앞서 인용한 루미의 시처럼, 마음의 집을 무참히 부수고 세간을 싹 쓸어버린 그 사건 혹은 그 사람이 다시 나를 찾아온다고 해도 얼마든지 빗장을 열겠다는 마음의 태도입니다. 이것은 상실에 대한 강한 거부감과 수치심, 혐오 같은 감정을 넘어선 균형 잡힌 상태, 내적 자유, 초연함*을 의미합니다.

서구 기독교 영성에서는 영혼의 가장 이상적인 상태, 혹은

---

* 16세기 스페인의 성인 이그나티우스가 사용한 말인 indifference를 '초연함'이라고 번역했는데, 이는 영혼 안에서 활동하시는 하느님의 뜻을 식별할 수 있는 영혼의 상태를 의미한다. 마음이 비워져 무엇에도 집착하지 않는 상태로서, 문자 그대로의 '무관심'이나 될 대로 되라는 식의 방관적인 태도와는 거리가 멀다.

진정한 자아를 회복한 영혼의 상태를 표현할 때 '내적 자유'라는 단어를 많이 사용합니다. 개인주의 철학을 바탕으로 하는 서구 영성에서 이 단어는 무엇을 해도 만족할 수 있는 상태, 어떤 행동이든 취할 준비가 되어 있는 상태를 의미합니다. 하지만 아시아인들에게 영혼의 이상적인 상태란 조화로움을 느끼는 상태를 의미한다고 보는 것이 더 적절해 보입니다. 자신과 이웃과 세상에 대해 조화를 느끼는 상태, 스스로가 하늘 및 땅과 잘 조율된 상태라고 보면 될 것입니다. 한 단어로 표현한다면 '평화'가 가장 적절하겠습니다. 그런 조화를 이룬 내적 평화 가운데 상실을 바라볼 수 있을 때, 우리는 비로소 삶의 의미를 진정으로 배울 수 있을 것입니다.

보내주기

세계적으로 인기를 끌었던 디즈니 애니메이션 〈겨울왕국〉Frozen의 주제곡 〈렛 잇 고〉Let It Go는, 비밀이 탄로 난 엘사가 겨울왕국으로 들어가면서 부르는 노래입니다.

다 잊어, 다 잊어

더 이상 참을 수 없어

다 잊어, 다 잊어

뒤돌아 문을 닫아 버릴 거야

사람들이 뭐라고 하든 상관없어

폭풍아, 계속 휘몰아치렴

추위도 더 이상 나를 괴롭히지 못하니까

참 재미있어. 뭐든 **거리가 멀어지면**

점점 작게 보이는 법이지

한때 날 속박했던 두려움조차도

날 괴롭힐 수 없어

이 노래의 가사를 잘 들여다보면, 고통을 주는 어떤 상황
에 대해 '렛 잇 고'를 한다는 것은 '거리를 두는 것'임을 알
수 있습니다. 그런데 '렛 잇 고'가 우리말로 '다 잊어'로 번역
되면서 아픈 경험을 잊어버리거나 날려 버린다는 인상을 주
는 것 같습니다. 하지만 이것은 상실을 제대로 다루는 길,

특히 삶의 의미를 찾고 내적으로 더 깊고 성숙한 사람이 되는 길과는 좀 거리가 있습니다. 또한 '렛 잇 고'는 그저 삶을 포기한다는 뜻이 아닙니다. 상황을 수동적으로 받아들이고 자포자기하는 태도가 결코 아닙니다. 그런 점에서 엘사가 문을 닫고 자신의 내면으로 숨어 버린 것은 참된 '렛 잇 고'라고 볼 수 없습니다.

'렛 잇 고' 혹은 '보내주기'의 핵심은 특정 상황이나 경험으로부터 거리를 확보하는 것, 즉 상실 체험으로부터 감정적으로 떨어지는 것에 있습니다. 거리 두기라는 관점에서 〈렛 잇 고〉의 가사를 보면, 엘사는 한때 자신을 가장 속박했던 것이 두려움이었는데 **거리**를 둠으로써 그 두려움(거부에 대한 두려움이든, 자신의 파괴성에 대한 두려움이든)을 극복하게 되었다고 말합니다. 엘사가 궁을 떠나 차가운 겨울왕국이라는 새로운 공간으로 간 행위에서 가장 중요한 의미는 심리적으로 거리를 두는 것이라고 생각합니다.

거리를 둔다는 것은 결국 자신과 체험 사이에 약간의 틈을 만들어서 그것이 똬리를 틀고 있는 뱀인지 밧줄인지를 구별할 수 있는 관점 혹은 시각을 확보하는 일입니다. 무엇이든지 너무 가까우면 우리는 그 실체를 알 수 없습니다. 최소한 어떤 시각을 가지려면 거리가 필요한 법입니다. 즉, 거리란 두려움 없이 그 상황을 관찰할 수 있는 마음의 여유, 내면에 확보한 공간을 의미합니다.

엄격한 기독교 가정에서 자라 무척 신앙이 깊었던 한 교포 여성의 남편이 어느 날 자살을 했습니다. 오랜 기간 우울증에 시달려 왔지만 그 또한 기독교 신앙에 철저했던 남편은 자신의 병을 믿음의 시련으로 여겼고, 아내도 남편을 위로하기보다는 게으르다고 판단하고 질책하곤 했습니다. 그녀에게 남편의 자살은 신앙 자체가 흔들리는 사건이었고, 자살을 죄악시하는 교회에서 자신의 아픔을 가까운 친구들과 나눌 수 없다는 사실이 가장 절망적이었다고 말합니다. 신앙을 가진 많은 교포들이 그러하듯 어느새 자신의 전부가 되어 버린 신앙 공동체에서, 힘든 이야기를 꺼내기조차 힘든 상황은 그녀를 외톨이로 만들어 버렸습니다. 자존심이 강한 그녀는 교회에 자살 사실을 숨기고 장례를 치렀고, 무척 힘들고 외로웠습니다. 남편에 대한 미안함과 서운함에 판단하는 마음까지 뒤섞여 괴로웠고, 신앙의 회의와 교회에 대한 비판적인 생각이 들자 두렵기까지 했습니다.

그 즈음부터 나는 그녀와 여러 작업을 했습니다. 몇 달이 지나자 마침내 그녀는 이제 그만 남편을 떠나보내고 싶다고 고백했습니다. 우리는 마음 가장 밑바닥에 남아 있는 감정과 생각들을 바라보기로 했습니다. 떠나간 남편에 대한 그리움, 아직 어린 세 아들을 데리고 살아갈 걱정도 물론 컸지만, 가장 힘든 것은 남편의 상태를 가늠하지 못한 채 계속 요구만 해 댔던 자신을 용서하기가 너무 힘들다는 사실이었습니다. 이런 경우 진정한 '보내주기'는 무엇일까요? 바로 있는 그대로의 상황을 겸손하게 인정하고 받아들이는 것입니다. 이는 자신을 용서하기 힘든 마음을 어떤 극복 의지나 판단 없이 있는 그대로 인정하는 것, 자신에게 조금은 너그러워지는 것입니다. 언젠가 우리는 모두 예외 없이 신 혹은 우주의 자비 앞에 서야 할 것입니다. 결국 우리는 모두 어리석고 불완전한 존재이기 때문입니다.

언젠가 피정 지도를 하던 중 이야기를 나누었던 한 자매가 생각납니다. 미국에서 꽤 성공한 교포로, 밝고 유쾌한 분이었습니다. 어떻게 미국에 오게 됐느냐는 질문에 그는 서슴없이 이야기했습니다. "저 한국에서 정말 허접하게 살았어요. 나를 소중히 여길 줄 몰라서 헤프게 막 살았어요. 그런 생활에서 탈출하려고, 선 보고 결혼해서 미국에 왔지요. 고생도 많이 하고 마음 아픈 일도 많았지만, 그래도 내 인생을 사랑합니다." 내심 그분의 정직함에 놀랐고, 담담하게 한마디로 자신의 여정을 표현해 낼 수 있는 성찰의 깊이에 한 번 더 놀랐습니다. 또한 얼마나 열심히 '보내주기'를 수련한 것일까 생각하니 존경심마저 들었습니다.

결국 사람은 있는 그대로의 자신을 인정하고 자신에게 너그러워질 때라야 비로소 무엇이든지 떠나보낼 수 있는 것 같습니다.

여기서 도움이 되는 또 한 가지 중요한 작업은 사회 구조를 분석해 보는 것입니다. 사실 우리가 경험하는 상실은 전적으로 개인적인 체험이라기보다 우리가 살고 있는 사회적 상황 속에서 발생하는 것입니다. 예를 들어 직장을 가지지 못한 젊은 사람이 있다면, 그 문제를 단순히 개인적인 문제로만 생각해서는 안 됩니다. 내가 어딘가 모자라서 직장을 구하지 못하는 것이라 생각하기보다, 전체 인구 구조나 고용 구도를 분석해 보아야 합니다. 그리고 이런 구조 속에서 나는 무엇을 해야 할까를 생각해 봄으로써 새로운 관점이 떠오를 수 있습니다.

맞이하기

'맞이하기'는 '보내주기'의 거울 같은 상태입니다. 건강하게 '보내주기'를 했다면, 언제든지 그 상실 체험을 다시 돌아보고 그 안에 머물 수 있는, 그것에서 더 깊은 삶의 의미를 길어 올릴 수 있는 자유를 얻게 됩니다. '보내주기'를 자유로워지는 것이라고 많이들 이야기하지만, '맞아주기'를 할 수 없다면 그것은 진정한 자유가 아닙니다.

일반적으로 트라우마를 겪은 사람들은 당시 상황을 다시 돌아보기 힘들어 하고 비슷한 상황에 처하게 되면 여러 가지 비정상적인 반응을 보입니다. 예를 들어, 내가 살고 있는 오클랜드는 미국에서 가장 위험한 도시 중 하나인데 이런 빈민가의 청소년들은 스스로 소화할 수 없는 극도의 폭력을 보며 자라고, 이런 환경에서 깊은 상처를 입게 되면 사소한 위험이나 긴장에도 과도한 반응을 보입니다. 내 친구 모린 수녀는 이 지역의 가난한 청소년들을 위해 일하고 있는데, 아이들이 사람을 살해하거나 상해를 입혀 감옥에 가는 것은 그들이 다른 청소년들보다 더 폭력적이고 잔인해서가 아니라 대부분 그들이 지닌 트라우마 때문이라고 설명합니다. 자신이 처한 상황에 적절하게 반응하는 법을 몰라 과잉 반응을 한다는 것입니다.

박사 과정 중에 상담심리학 수업을 맡으셨던 교수님이 내가 한국인인 것을 알고 특별히 들려준 이야기가 있습니다. 자신의 오빠가 한국전쟁에 참전한 군인이었는데, 그곳에서 얼마나 비참한 경험을 했는지 고국에 돌아와서도 20년 동안 한국이라는 단어조차 말하지 못했다고 합니다. 그 경험 이후로 오빠는 성격이 완전히 달라졌고, 누구와도 이야기를 나누지 못하고 자신의 경험을 제대로 소화하지도 못한 채 쓸쓸히 살다 돌아가셨다며 그분은 눈물을 글썽였습니다. 이야기를 듣던 당시에는 오빠를 잃은 교수님의 상실에 초점을 맞추어 이해하고 마음이 아팠는데, 다시 생각해 보니 교수님은 '맞이하기'가 되지 않아 불행했던 오빠의 상태를 이야기한 것 같습니다.

어떤 상실의 경험이든 진정한 '보내주기'가 이루어지려면 마음속에 그 경험이 다시 돌아올 수 있는 공간이 있어야 합니다. 아주 편안하고 따스하며 별다른 걱정을 할 필요가 없는 공간을 한번 상상해 봅시다. 바닷가의 햇살 잘 드는 모래도 좋고, 잔잔한 바람이 불어오고 새소리가 들리는 숲 속 아늑한 자리도 좋겠습니다. 그리고 자신이 더 바라보아야 할 어떤 상실의 경험을 예쁜 상자에 넣어 그곳에 묻어 둔다고 상상해 봅시다. 언제든지 이 편안한 나만의 장소에 와서 그것을 꺼내 볼 수 있게 말입니다. 억지로 상자에 구겨 넣는 것이 아니라, 그 상실이 가져다준 슬픔과 아픔, 실망, 분노 들을 잘 보듬어 소중하게 보관합니다. 나중에 다시 열어 보면 미처 보지 못했던 위로나 새로운 의미가 담긴 메시지를 발견할 수도 있을 것입니다.

당장은 돌아볼 힘이 없어도 괜찮습니다. 나중에라도 그것을 다시 돌아볼 수 있을 때, 그 안에서 숨겨진 무엇인가를 발견할 때 그 상태를 진정한 '맞이하기', 즉 진정한 '보내주기'라고 할 수 있습니다. 언젠가 나는 호치민 시의 성당에서 미사를 드리고 책 거리를 걷다가 20년 전에 참 좋아했던 마르그리트 뒤라스의 《연인》이라는 책을 발견했습니다. 내가 이상할 만큼 그 책을 좋아했던 것은 다음과 같은 마지막 구절 때문이었습니다. "바닷가 모래에 묻힌 똥 무더기 같은 내 인생에도 이렇게 아름다운 사랑이 깃들어 있는지 나는 몰랐습니다."

이 책의 주인공인 프랑스 소녀는 프랑스 식민지였던 베트남에서 가난에 찌들어 살고 있었습니다. 혐오스러운 환경을 벗어날 탈출구를 찾기 위해 이 미성년의 소녀는 자신보다 훨씬 나이가 많은 부유한 중국인과 육체적 관계를 가지게 됩니다. 하지만 소녀와의 육체적 사랑에 탐닉하고 그녀에게 경제적 도움을 주기도 했던 중국인은 결국 정해진 여인과 결혼하고, 소녀는 프랑스로 돌아가게 됩니다. 이름 지을 수조차 없었던 그 구질구질한 시간은 그렇게 잊히고, 그녀는 여전히 가난하고 외롭고 구차한 삶을 이어 갔습니다.

하지만 어느 날 그녀 앞에 도착한 편지 한 장은 모든 것을 바꾸어 놓습니다. 권태와 무의미에 파묻힌 외로운 여인에게 까마득히 잊어버린 옛 사랑이 보내 온 편지 한 장이 아픈 과거를 돌아볼 힘을 주었던 것입니다. "내가 진정으로 사랑한 것은 당신이었다"라는 그의 말에 그녀는 자신의 삶을 다시금 대면합니다. 그녀는 비로소 진갈색의 메콩 강과 그곳의 땅을 기억하고, 식민지인과 피식민지인 사이의 경계, 나이와 경제적인 차이에도 불구하고 어린 소녀로서 욕망에 솔직했던 자신을 돌아보게 됩니다. 육체적 본능에 충실했던 행동은 그녀 자신은 물론 타인에게, 특히 가족에게는 용납할 수 없는 일이었고, 식민지에서 주변 사람들에게 백인 창녀로 인식되는 것은 크나큰 수치였을 것입니다. 하지만 이제 나이가 든 그녀는 그 시간을 되돌아보면서 자신이 바로 그 욕망을 통해 독립된 인격으로 성장했음을 알게 됩니다. 그리고 깊은 수치심 뒤에 묻혀 있던 사랑의 실체를 찾아냄으로써 퇴락해 보이던 삶이 의미를 찾아갑니다. 어둡고 수치스러운 경험을 돌아볼 용기를 비로소 얻었고, 보잘것없는 삶 속에서 보석처럼 빛을 발하는 의미를 찾은 것입니다.

십 년째 암과 투병 중인 친구 줄리아 프린츠Julia Prinz 수녀와 나는 상실과 새로운 현실을 살아가는 슬픔에 관해 대화를 나눈 적이 있습니다. 내가 건강을 상실한 체험에 대해 이야기를 나누자고 이야기를 꺼냈는데, 그녀는 나를 똑바로 바라보면서 그것은 단순히 건강을 잃은 것이 아니라 삶 전체를 강도 맞은 것과 다를 바 없다고 말했습니다. 그리고 먼 곳을 응시하며 이렇게 나지막하게 이야기했습니다. "겉은 과거와 똑같이 살아가는 것 같지만, 내면은 매 순간 삶과 죽음 사이 어떤 공간에서 투쟁하며 살고 있는 것 같아. 결코 평화스러운 상태가 지속되지 않아. 처음에는 무조건 살아야 한다는 생존 모드여서 아무 생각이 없었지만, 치료 기간이 끝나고 나서는 모든 것이 혼란스럽고 방향을 잃어버린 느낌이었어. 내 생에 잃어버린 것이 너무 많은 거야." 지지 그룹에서 이야기를 나누다 보면, 대부분의 사람들이 몸의 한 부분이 잘려 나가 있거나 언제 암이 재발할지 모르는 공포스러운 현실, 배우자와의 변해 버린 관계, 경제적인 문제 등과 같은 새로운 현실, 즉 '뉴 노멀'new normal을 받아들이는 어려움을 토로합니다. 그것은 단순한 감정과 생각을 넘어선 영적인 문제라고 말합니다.

줄리아 수녀는 삶과 죽음 사이에서 깊은 감정의 기복을 헤쳐 나왔지만, 마음의 평정을 누리기가 가장 힘들다고 이야기합니다. 마치 파도가 치듯 두려움과 분노와 좌절이 훅 치고 들어왔다가 다시 밀려가는데, 그럴 때는 그저 숨을 쉬는 것이 유일한 기도라고 말합니다. 그녀는 정치신학자이며 대학 시절에는 베를린 장벽 철회 시위를 주도했던 활동가였습니다. 늘 행동하는 사람이었고, 세상을 바꾸기 위해 적극적인 주장을 펼쳤습니다. 심지어 식당에 가도 콜라에 레몬 조각을 얹어 달라거나 얼음을 따로 달라는 등 요구 사항이 많았던 그녀였기에 기도 역시 늘 말이 많았습니다. 그런데 이제는 그런 에너지가 더 이상 없으며, 자신의 기도는 오고 가는 감정의 기복을 바라보며 그저 숨을 쉬는 것뿐이라고 그녀는 말합니다.

무엇이든 할 수 있고 바꿀 수 있다고 믿었던 그녀가 십여 년간 고통을 겪으면서, 삶은 자신이 원하는 대로 될 수 없고 또 그럴 필요도 없다는 것을 알게 되고, 이런 고통 속에서 산다는 것의 의미를 곰곰이 생각해 보게 된 것은 무척 놀라운 일로 느껴졌습니다. 남의 고통 앞에서 무슨 말을 한다는 것이 주제넘은 듯해서 입을 열지는 못했지만, '이제 너의 영혼은 침착해지고 있고, 삶을 관조하기 시작하는 것 같다'고 그녀에게 말해 주고 싶었습니다. 이제는 식당에서 주는 대로 수월하게 먹고, 무리하게 여러 약속을 잡아 늘 늦게 나타나던 그녀가 지금은 한두 가지 약속에 충실하며 훨씬 느린 속도로 살아갑니다. 그녀가 이 투쟁을 얼마나 계속해 나갈지는 알 수 없지만, 이 과정을 통해 그녀의 내면이 더 풍성해지고 있음은 분명해 보입니다.

임계 공간

결국 상실이라는 체험을 대하는 어떤 기본적인 태도 혹은 마음의 상태로서의 '보내주기-맞이하기'는 임계 공간 in between space 혹은 틈새 공간과 관계가 있습니다. 이 공간은 A라는 공간과 B라는 공간의 사이를 의미합니다. 상실을 직접적으로 체험한 공간도, 그것과 완전히 상관없는 새로운 공간도 아닌, 아직은 상실을 음미하고 성찰할 수 있는 동시에 새로운 가능성과 의미를 꿈꿀 수 있는 그런 공간입니다.

이런 마음의 틈새, 임계 공간, 즉 '렛 잇 고'와 '렛 잇 컴'이 자유롭게 이루어지는 공간이 없는 삶은 생명이 없습니다. 죽음을 체험한다고 해서 생명이 사라지는 것이 아닙니다. 왜냐하면 우리 삶은 죽음을 동시에 안고 가는 것이기 때문입니다. 이 임계 공간이 커질수록 마음과 생각은 탄력적이 되고, 고통과 두려움을 극복하여 새로움을 받아들일 수 있게 됩니다. 기독교적으로 표현한다면, 성탄의 구유에서 십자가를 바라보고 더 나아가 십자가에 깃든 부활의 신비를 만나는 그런 공간이 바로 임계 공간입니다.

영성 지도를 할 때 임계 상황에 놓인 사람들의 이야기를 들으며 내가 가장 많이 쓰는 단어는 'hold it gently'(살짝 잡고 있으라)입니다. 서둘러 결론 내리지 않고, 고통이든 슬픔이든 그 결을 음미하면서 부드럽게 마음에 담으라는 것입니다. 그렇게 할 때 우리는 삶의 의미를 잘 발견할 수 있습니다. 의미를 발견한다는 것은 객관적인 정의를 알게 된다는 것이 아니라 주관적으로 자기 삶의 깊은 맥락에서 이해하고 수긍하게 되는 상태를 말합니다. 그런데 의미를 찾아내는 것이 왜 중요할까요? 많은 학자들은 의미를 찾게 되면 자신이 이 경험의 주인공이고 주체적으로 그것을 잘 다루고 있다는 느낌을 갖게 되며 상실로 인한 무력감을 극복하는 데 도움이 된다고 합니다.*

임계 공간을 제대로 살아내기 위해서는 먼저 자신의 경험을 정직하게 성찰하는 능력이 필요합니다. 어떻게 하면 상실 체험을 정직하게 성찰할 수 있을지, 거기에 필요한 태도와 방법을 소개합니다.

명확한 인식 | 첫째, 상실이라는 일이 발생했고 앞으로 상실로 인한 부재를 안고 살아가야 한다는 사실을 스스로에게 반복해서 이야기해 줍니다. 어떤 사람들은 아예 특정 구절을 만들어서 만트라처럼 되뇌는 방식이 유익했다고 합니다. 예를 들어 이혼을 했을 때는, "내 결혼 생활은 끝났어. 나는 이제 싱글이다"라고 자신에게 반복해서 이야기해 줍니다. 어머니가 돌아가셨다면, "엄마는 돌아가셨어. 나는 이제 엄마 없이 살아가야 해"라고 말해 주는 것입니다. 앨런

● John Harvey, *Give Sorrow Words: Perspectives on Loss and Trauma*, p. 7.

휴 콜Allan Hugh Cole은 이런 경우 완곡한 표현보다는 아주 직접적인 표현을 하라고 권고합니다.[*] 예를 들어 회사에서 해고당했을 경우, 우리는 '잘렸다'는 직설적인 표현보다는 사직을 했다든지 잠깐 일을 쉰다는 등 에둘러 말하는 경향이 있습니다. 그런데 이렇게 완곡한 말투는 현실을 받아들이는 데 별로 도움이 되지 않습니다. '돌아가셨다' '이혼했다' '해고당했다'와 같이 분명하고 정확한 표현을 할 수 있으면 더 도움이 됩니다.

우리 학교 대학원에 재학 중인 중년의 음악가 한 사람이 수업 시간에 자신을 소개하던 모습이 생각납니다. 자신은 방 네 개가 딸린 집을 소유했던 사람인데, 어느 날 아내가 이혼을 요구해서 학교에 왔다고 했습니다. 그런데 그는 이 말을 계속 반복했습니다. 얼핏 듣기에는 방 네 개짜리 집을 가진 것과 이혼을 요구한 아내, 그리고 학교에 등록한 일이 그런 대로 연결되는 것 같으면서도 다소 어색한 느낌이 들었습니다. 그와 좀 더 이야기를 나누면서 알게 된 것은,

- Allan Hugh Cole Jr., *Good Mourning: Getting Through Your Grief* (Louisville, KT: Westminster John Knox Press, 2008), p. 60.

집을 아내에게 주고 좁은 기숙사로 옮긴 일이 그에게는 매우 큰 충격이었고, 더 큰 충격은 아내가 이혼을 요구했다는 사실이었습니다. 이후에 그 학생은 자신을 소개할 때 "저는 아내가 이혼을 요구해서 이혼을 당하고, 지금은 기숙사 좁은 방에 살고 있습니다"라고 말합니다. 그리고 웃으면서 덧붙입니다. 그래도 자신의 애견 루시를 데리고 살고 있다고요.

예전 | 둘째, 상실의 경험을 확인하고 정리하는 예전을 만듭니다. 예전이라는 말이 퍽 생소할 수도 있지만, 우리가 이미 보편적으로 행하고 있는 의식들을 활용할 수도 있습니다. 예를 들어, 우리나라에는 사랑하는 사람이나 가족을 보내는 아픔을 정리하는 의식이 잘 발달되어 있습니다. 예를 들면 삼우제는 장례 후 3일째 되는 날 다시 묘지나 화장한 곳, 혹은 납골당을 방문하여 지냅니다.

그런데 여기서 말하는 예전은 좀 더 **개인적인** 차원에서 애도의 과정을 심화하고 성장을 돕는 **의도적인** 행위들을 의미합니다. 장례식을 치르느라 바빠서 제대로 슬퍼할 겨

를도 없었던 사람이 개인적으로 고인을 방문하고 시간을 보내는 것은 정말로 소중한 일입니다. 돌아가신 분의 사진들을 모아 다시 정리하고 함께 나눈 소중했던 순간들을 기억하는 것도, 상실을 확인하는 동시에 편안하고 따스한 마음을 느낄 수 있는 좋은 방법입니다.

나는 한국에 가면 부모님이 계신 납골당을 꼭 방문합니다. 거기서 기도도 하고 부모님께 이런저런 수다도 떨어 보지만, 집으로 돌아가려 할 때면 늘 무언가 석연치 않은 마음이 들었습니다. 그런데 어느 날 방문을 마치고 돌아가는 길에, 고인에게 문자 메시지를 보내는 방법이 있음을 알게 되었습니다. 납골당의 전화번호로 문자를 보내면 스크린에 사연이 뜬다는 것이었습니다. 내 사연을 보내고 그 내용이 전광판에 올라오기를 기다리면서, 사람들의 정감 어린 사연들을 함께 읽었습니다. 사랑한다는 표현이 많았고, 사소한 일상을 이야기하는 내용도 있습니다. 그렇게 다른 사람들의 이야기를 읽고 또 내가 보낸 사연이 전광판에 뜨는 것을 보고 나면 마음이 좋아집니다. 그리고 그곳을 방문하는 낯선 사람들과의 유대감도 느낍니다. 사연들을 한참 함께 읽다가 속으로 이야기합니다. '엄마 아버지, 나 이제 갈게요.' 나는 이런 방식도 창의적인 예전 중 하나라고 생각합니다.

어떤 가정에서는 아버지의 기일에 빈 의자를 하나 갖다 놓고 아버지를 추억합니다. 좋은 기억들을 이야기하고, 또 아버지께 하고 싶은 이야기를 하기도 합니다. 가장 일반적인 것은, 우리 전통대로 돌아가신 날이나 생신 때 저녁을 차려 놓고 기도하거나 제사를 지내면서 고인을 기리는 것입니다. 이런 자리는 상실을 확인하면서도 기억과 현실 속에서 지속적으로 함께함을 표현하는 '보내주기–맞이하기'의 좋은 예라고 할 수 있습니다.

가족이 아니더라도 자신을 이해해 주고 위안을 줄 수 있는 친구들을 초대해서 예전을 함께 하거나, 상실을 경험한 사람들끼리 모여 공동으로 예전을 만들 수도 있습니다. 상실의 대상이 무엇이든 상관없이 한자리에 모여, 각자의 체험에 이름을 짓고 상징화하는 예전들은 상실에서 깊은 의미를 찾을 수 있도록 도와줍니다.

혼자 있기 | 셋째, 과감히 혼자 있는 시간을 가지십시오. 처음에는 친구들이나 가족들이 함께 있어 주려고 할 것입니다. 그러다 보면, 사람들 속에 숨어 실제로 일어난 일을 바라보지 않고 잊어버리려 하는 자신을 발견할지도 모릅니다. 사람들은 흔히 어려운 때에는 혼자 있으면 좋지 않다고 이야기하지만, 사실은 그렇지 않습니다. 혼자 고요한 시간을 갖지 못하면 내면의 틈새, 즉 임계 공간이 존재할 수 없습니다. 가족이 함께 지내더라도 그런 공간을 가질 수 있도록 배려해 주어야 합니다. 자신에게 편한 곳, 자주 가는 카페나 책방, 혹은 공원의 익숙한 벤치도 좋습니다. 갑자기 먼 곳으로 홀로 떠나기보다는 자신을 잘 이해하는 친구들이나 가족들이 가까운 데 있는 곳이 좋을 것입니다. 또한 음악을 듣는 것도 도움이 됩니다. 어떤 유행가 가사가 마음에 들어올 수도 있고, 클래식 음악에서 위안을 얻을 수도 있습니다. 걸으면서 음악을 듣는 것도 마음에 안정을 줍니다.

모임 | 넷째, 서로를 이해하고 편하게 자신을 개방할 수 있는 모임을 만들어 보십시오. 《사려 깊은 수다》에서 소개한 '지혜의 원' 같은 경청해 주는 모임이 있다면 참여하십시오. 혼자 있는 시간이 중요한 만큼, 함께 나누는 시간도 중요합니다. 살아가면서 상실을 체험하지 않는 사람은 없기에, 어떤 면에서 상실에 대해 이야기하는 것은 서로에게 도움이 됩니다. 현재 애도의 기간을 지나는 사람의 치열한 이야기를 들으면서, 자신이 언젠가 너무 힘들어서 덮어 두었던 과거의 일들을 다시 꺼내게 될 수도 있습니다. 또 함께하는 사람의 아픔과 슬픔에서 내 깊은 곳에 묻어 둔 아픔이 위로를 받기도 할 것입니다.

개인 상황에 따라, 감정에 충실하게 나눌 수도 있고 새로운 생각이나 기억들을 나눌 수도 있습니다. 때로는 마음에 일어나는 걱정이나 근심을 나눌 수도 있습니다. 다시 한 번 강조하건대 이런 모임에서 가장 중요한 것은 경청하는 자세입니다. 온 마음으로 한 사람의 이야기를 들을 때, 나누는 사람은 자신이 깊이 받아들여진다는 느낌과 함께 안전감을 체험합니다. 판단이나 의견을 내려놓고 다른 사람의 말을 깊이 경청하는 것은 인간이 타인에게 베풀 수 있는 가장 따스한 호의이자 친절이라고 나는 생각합니다.

표현 | 다섯째, 자신의 생각과 느낌을 표현합니다. 그냥 아무 생각 없이 이 말 저 말 써 내려갈 수도 있고, 문장으로 생각을 다 정리하기 힘들 때는 시를 적어 보는 것도 좋습니다. '나는 시인이 아닌데' 하는 걱정 따위는 하지 않아도 됩니다. 시는 문법에 얽매이지 않고 생각이 자유롭게 흘러가도록 도와줍니다. 애도에 대해 말하는 거의 대부분의 사람들은 슬픔에게 언어를 주라고, 즉 목소리를 주라고 이야기합니다. 일기를 쓰거나, 혹은 종이에 그저 쓰고 싶은 대로 휘갈겨 쓰는 것도 좋습니다. 짧은 동화로 슬픔을 이야기하거나 편지를 써도 좋습니다.

더 좋은 것은 색칠하기coloring와 그림 그리기입니다. 요즈음 색칠하기가 꽤 유행하고 있는데, 이는 마음에 안정을 주고 불안감을 없애 주어 감정을 다스리는 데 좋습니다. 색칠하기는 마음 챙김 훈련에서도 자주 소개되는데, 결국 '보내주기'와 '맞이하기'가 가능한 마음의 임계 공간을 만드는 훈련이라고 할 수 있습니다. 그림을 그리는 것도 좋습니다. 연필이나 크레용, 혹은 색연필 등으로 부담 없이 자연스럽게 그릴 수도 있고, 유화나 아크릴화도 좋습니다. 자신이 주로 무엇을 그리고 어떤 색을 사용하는지를 그림을 그리면서(혹은 나중에) 살펴보는 것도 유익합니다. 거창한 미술 재료를 사용할 필요 없이, 그저 아무 종이에나 그리고 싶은 사물이나 모양을 그리면 됩니다.

나는 그림 감상하기를 참 좋아하지만 잘 그리지는 않습니다. 그런데 어머니가 돌아가신 후에는 유난히 나무 그림을 그리고 싶었습니다. 특히 거대한 뿌리가 땅 위로 다 드러난 캘리포니아의 나무들이 항상 눈에 들어왔고, 때로 나무의 뿌리가 새의 발톱으로 보이기도 했습니다. 그때 내가 그린 그림들은 거의 뿌리에 집중되어 있었는데, 나중에 미술치료사인 메리 수녀가 드러난 뿌리는 분노를 의미한다는 사실을 알려주었을 때 좀 놀란 기억이 있습니다. 아버지의 죽음이 많은 그리움과 슬픔을 안겨준 반면, 어머니의 죽음은 내게 크나큰 분노를 남겼다는 것을 그때 깨달은 것입니다. 이렇게 그림은 잃어버린 사람이나 사물 혹은 상황에 무슨 이야기를 해주고 싶은지 천천히 음미해야 할 때, 자신의 상황을 스스로 깊이 이해할 수 있게 해줍니다.

음악을 듣거나 춤을 추는 것도 좋습니다. 멕시코에서 자란 로사리아 수녀는 부모님을 갑자기 사고로 잃었습니다. 어릴 때 발레를 했지만 이후로는 춤을 거의 추지 않았던 그녀가, 충격적인 이 상실을 어떻게 대면해야 할지 혼란에 빠지자 내게 와서 춤을 추고 싶다고 했습니다. 그러고는 이런 저런 음악에 맞추어 춤을 추었고, 나는 그녀의 몸짓을 따라 했습니다. 로사리아 수녀는 춤을 추면서 갑자기 울음을 터뜨리거나 웃기도 했습니다. 그렇게 두 시간 정도 춤을 추고 돌아간 그녀는 그 후에도 자주 춤추는 기회를 갖는다고 합니다. 춤을 추면서, 어릴 때 엄마와 발레 레슨을 받으러 가면서 맛있는 음식을 사 먹곤 했던 즐거운 기억들을 떠올린다는 것입니다.

이외에도 만화 그리기나 사진 찍기 등 다양한 작업들이 있는데, 이런 작업들은 모두 자신의 감정과 생각에 목소리를 주는 일이며, 이를 통해 자신의 현주소와 지나간 과거, 그리고 다가올 시간들을 생각해 보는 기회를 갖게 됩니다.

그러므로 누구나 자기에게 맞는 창의적인 방법들을 찾아내는 것이 중요합니다.

취미 | 여섯째는 새로운 취미나 일을 시작하는 것입니다. 어떤 사람들은 평소에 하지 않았던 새로운 일을 시작합니다. 자녀 잃은 어머니들을 보면, 익숙했던 것에서 벗어나 아주 새로운 일을 시도하는 경우가 많습니다. 나의 친언니는 딸을 잃었을 때 아들을 잃은 동네 이웃과 가까이 지내면서 매일 산을 올랐습니다. 하루도 빠짐없이 몇 시간 동안 산을 오르며 그들은 함께 울기도 하고, 주위 사람들에게는 잊혀져 가는 추억을 나누기도 했습니다. 답답하고 힘들 때 자연이 그들에게 위로와 힘이 되어 준 것입니다. 서울에서 자라 산에 대해 잘 몰랐던 언니가 이제는 산에서 약초나 몸에 좋은 버섯을 제법 잘 캐는 산사람이 되었습니다.

내 친구의 아버지는 사랑하는 아내를 잃었을 때 며칠 동안이나 아무 말 없이 바닷가를 걷고 또 걸었다고 했습니다. 밀려왔다가 다시 멀어져 가는 파도를 망연히 보면서, 또 바다가 내는 깊은 소리를 들으면서 그분은 깊은 위로를 받았다고 합니다. 자연에는 사람을 치유하는 능력이 있다는 것은 많은 사람들이 이야기하는 중요한 사실입니다.

성인이 되어 독립한 자녀를 잃은 경우, 어떤 사람들은 자신이 잘 몰랐던 자녀의 삶을 이해하기 위해 자녀와 친했던 지인들을 만나 보기도 하고, 자녀가 몰입했던 취미나 일에 대해 알아보기도 합니다. 갑자기 사라져 버린 아이들의 삶을 이해하고 또 자식이 가졌던 삶의 열정이 무엇인지 알고 싶어 합니다. 그래서 어떤 부모는 자신의 자녀가 하고 싶었던 일, 예를 들어 가난한 사람들을 돕는 일이나 평화로운 세상을 건설하는 운동에 대신 참여하기도 하고, 자녀가 마음을 다해 봉사하던 단체에 자녀의 이름으로 기부를 하기도 합니다.

웃음 | 일곱 번째는 웃음입니다. 신학자 재클린 부시 Jacqueline Bussie는 《억눌린 자들의 웃음 *The Laughter of the Oppressed*》이라는 책에서, 웃음은 고통스러운 상황에 저항하며 견디어 내는 좋은 수단이 된다고 말했습니다. 모든 것이 어렵기만 한 상황, 불확실하고 불편한 상황에서 어떻게 웃느냐고

반박하겠지만, 찾아보면 주변에는 여전히 웃을 일이 많으며, 한 번 웃으면 더욱 웃게 되는 것을 경험할 수 있습니다.

우리 몸은 마음을 바꿀 수 있습니다. 내가 가르치는 학교의 동료인 유대인 심리학 교수는 웃기 요가laughter yoga를 통해 자신의 삶이 매우 달라졌다고 이야기합니다. 웃기 요가 전문가들은 몸과 얼굴의 근육을 웃는 모습으로 만들어 주면 마음까지 웃게 된다고 이야기합니다. 누구나 알겠지만, 깔깔대고 웃으면 마음의 두려움으로 긴장되어 있던 근육이 풀어지면서 부정적인 감정을 극복하게 됩니다. 하하 호호호, 하하 호호호 하고 박수를 치면서 웃음소리를 내다 보면, 처음에는 억지 웃음으로 시작할지라도, 나중에는 진짜 웃음이 나오고 행복해집니다.

웃음과 관련해 이야기하지 않을 수 없는 것은 바로 유머입니다. 자신이 상실한 것을 유머로 표현한다는 것은 그 상황에 대해 거리 두기가 시작되었음을 알리는 신호인 동시에, 거리 두기를 돕기도 합니다. 예를 들어 젊음 혹은 이상적 상태를 잃어가는 자신을 유머러스하게 표현할 때, 주변 사람들도 편안해지고 자신도 편안해집니다. 예쁜 터틀넥

스웨터를 입은 모습이 멋지다는 말에 "터키 넥turkey neck*인 자신의 목을 감추기 위해서는 거북이 목 스웨터가 최고"라 말하며 웃는 노인에게는 한결 쉽게 다가갈 수 있고 더 많은 이야기를 나누고 싶어집니다.

세상에는 잔잔한 아름다움이 무수히 깔려 있고, 우리가 찾아내기만 한다면 그것은 어느 때든 넉넉한 웃음을 선사해 줍니다. 예를 들어, 찰리 채플린의 코미디는 가난과 병, 노화 같은 상실의 한가운데서 아름다움과 의미를 찾게 함으로써 싸구려 웃음과는 비할 데 없는 깊이 있는 웃음을 웃게 만듭니다. 이와 같은 웃음은 신기하게도 슬픔을 어루만져 주고, 상실을 있는 그대로 받아 안을 수 있게 합니다. 그리고 상실이라는 상황에서 조금은 벗어나 현실을 새롭게 보도록 돕기도 합니다. 많은 사람들이 경험하는 대로, 부모님이 돌아가신 슬프고 가슴 아픈 순간에도 엉뚱하게 웃음이 터지기도 합니다. 생전에 부모님과 함께했던 재미난 에피소드를 떠올리다 보면, 애도의 공간은 사랑했던

---

* 칠면조처럼 쭈글쭈글해진 노인의 목을 뜻한다.─편집자 주

사람들의 삶을 기념하고 축하하는 공간이 되기도 합니다. 선천적으로 웃음이 많은 사람도 있고 원래 심각한 사람도 있게 마련이지만, 누구에게든 상실과 결실 사이의 틈새 공간에서 웃음과 유머는 훌륭한 영적 훈련이 됩니다.

아름다움 | 마지막으로, 일상의 아름다움을 통해서 감동을 느끼는 자세를 가지는 것이 좋습니다. 에티 힐레숨Etty Hillesum이라는 유대인 여성의 일기를 모은 《방해받지 않은 삶》*An Uninterrupted Life: The Diaries, 1941~1943: and Letters from Westerbork* 이라는 책을 보면, 나치 캠프에서 살면서 땅바닥에 피어난 노란 꽃을 보며 아름다움에 감탄하는 부분이 나옵니다. 수용소를 탈출할 기회를 거부한 채 동족들과 연대하며 닥쳐올 죽음을 맞이하고 있는 두려운 상황에서도, 그녀는 꽃을 사랑하는 마음을 절대로 포기하지 않습니다. 그녀는 특별한 지위로 인해 수용소에 출퇴근을 했는데, 일부러 멀리까지 걸어가 꽃을 사서 자기 방에 꽃을 꽂았다고 합니다. 그녀에게 아름다움은 수용소라는 환경에서조차 웃게 하고, 더 깊은 삶의 신비로 이끌어 주는 것이었습니다. 이와 같이

일상에서 가려진 아름다움을 찾아내는 작업은, 삶을 이루는 모든 조건과 결들을 새롭게 찾고 또 음미하는 가운데 상실 또한 새로운 눈으로 바라보게 도와줍니다.

나치 정권의 폭압 속에서 살다 간 사람들의 이야기는 매우 많지만 특히 이 에티라는 여성의 이야기가 내게 감동으로 다가오는 것은, 삶의 존엄을 상실한 상황에서 작은 것도 놓치지 않고 집중했던 그녀의 시선, 놓치기 쉬운 작은 아름다움에 감동을 느끼는 태도가 결국 거대한 상실에 저항하는 강력한 방법이었기 때문입니다. 작은 풀 한 포기, 이름 없는 꽃 한 송이가 품은 생명과 조우하며 순간을 충실히 음미했다는 것은, 그녀가 이미 깊은 삶의 신비 속으로 들어가 있었음을 보여 줍니다. 그리고 오직 그 깊이 속에서, 잃어버린 인간적 존엄이 선명하게 다시 빛나게 된 것이라고 나는 생각합니다. 바로 그렇게 회복된 존엄으로 말미암아 그녀는 두려움에 떨며 절망한 동족들의 이야기를 들으며 아파하고, 갑자기 끌려오느라 안경을 챙기지 못한 어느 할머니의 상실감을 친절한 마음으로 끌어안는 사람으로 존재할 수 있었을 것입니다.

나는 11월을 참 좋아합니다. 온통 상실이 배어 있는 거리와 회색빛의 우울함이 내게는 가슴이 저리도록 아름답습니다. 4월의 목련 같은 찬란함도 없이, 그저 스산하게 텅 비어 버린 거리가 왜 아름답느냐고 물으면 할 말은 없지만, 황량함은 그 자체로 아름답습니다. 이 황량한 아름다움은 우리에게 인생은 상실의 연속이고, 또 그렇게 연기처럼 사라지더라도 아름답고 귀한 것이라는 역설적인 가르침을 줍니다. 말라 죽어가는 잎새가 새로운 아름다움으로 느껴지는 순간, 비로소 우리에게는 상실이 주는 여유, 시간을 재는 지혜, 그리고 자신에게 주어진 것에 충실하고 싶은 열정이 생겨나게 될 것입니다.

이렇게 임계 공간에서 '보내주기-맞이하기'를 충실히 살아내는 사람들은 상실과 고통을 넘어 조금씩 더 큰 세상으로 나아갈 수 있게 됩니다. 상실의 경험은 세상에서 가난이나 폭력으로 고통받는 많은 사람들, 더 나아가 고통받는

지구와 연대할 수 있는 감수성을 제공해 줍니다. 그 연대를 통해 삶을 바라보는 우리의 시선도 더욱 확장해 갈 것입니다.

영적 연습

1. 자신에게 임계 공간이 될 수 있는 곳을 생각해 봅시다. 외적으로 만들 수도 있고, 내면에 존재하는 상상의 공간이 될 수도 있습니다.

2. 자신의 슬픔에 목소리를 준다면, 어떤 방식으로 할 수 있을까요? 앞에 제시된 방법들을 가지고 도표를 만들어 보십시오. 아주 쉽게 할 수 있는 방법에 5점을 주고 거의 불가능한 방법에는 0점을 주어서, 자신에게 유용한 방식들을 찾아봅니다.

3. 자신이 할 수 있는 상실의 표현 방법을 하나 고릅니다. 애도를 체험한 사람들과 모임을 할 수 있다면, 슬픔을 간직하면서도 생명을 얻는 방법을 찾았던 사람들의 이야기를 듣고 자신의 방법도 나누어 봅니다. 좋은 방법이라고 생각되는 것들이 있으면 2번 리스트에 추가합니다.

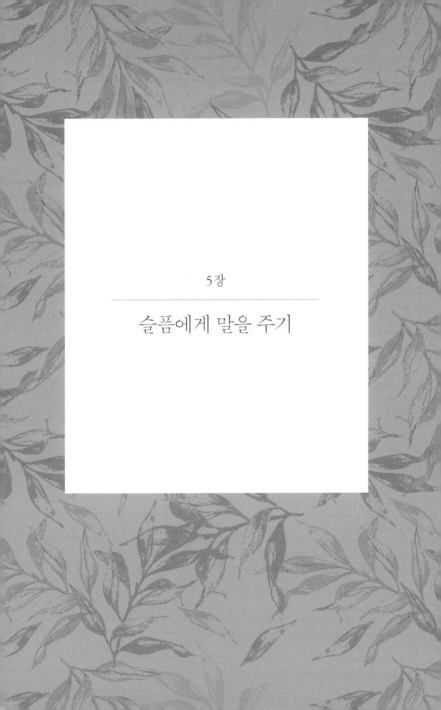

5장

슬픔에게 말을 주기

셰익스피어의 《맥베스》에는 "슬픔에게 말을 주라"Give sorrow words라는 유명한 구절이 나옵니다. 상실에 대한 연구나 글을 읽다 보면, 많은 저자들이 이 구절을 인용하고 있음을 발견하게 됩니다. 이는 슬픔에게 말을 주는 행위가 크고 작은 상실 체험에서 숨겨진 의미를 찾는 데 중요한 단서를 제공한다는 점을 시사합니다. 누군가가 상처를 깊이 가졌다는 것은 그것을 이야기할 수 없다는 것과 거의 같은 의미입니다. 왜냐하면 자아와 상처 사이에 거리가 없어서 그에 대한 어떤 시각을 가지기가 힘들기 때문입니다. 그런데 이야기를 하게 되면 그 사건으로부터 거리가 생기면서 조금씩 그것을 보는 시각이 생겨납니다.

이야기는 그저 단순한 사건의 나열이 아닙니다. 이야기에는 화자의 고유한 해석이 들어가기 마련입니다. 예를 들어 어떤 사람이 돌아가신 아버지 이야기를 하는 경우를 생각해 봅시다. 그가 부친의 죽음을 설명하면서 "20년 전만 해도 아주 특별한 경우가 아니면 노인을 집에서 모셨지요. 그런데 우리 아버지는 결국 요양원에서 쓸쓸히 돌아가셨어요"라고 말한다면, 이것은 결코 단순한 사실이 아닙니다. 여기에는 아버지가 요양원에 가셔야 했던 상황에 대해 자신이 가지는 해석, 그리고 그 상황에 대한 자신의 고유한 반응이 오롯이 담겨 있습니다.

자신의 경험을 이야기하기가 도무지 쉽지 않다면, 나는 가끔 외국어로 한번 이야기해 볼 것을 권합니다. 언어는 그 사용자의 문화가 담긴 매체입니다. 그래서 다른 언어로 표현해 보면, 모국어로 표현할 때 느껴지는 수치심 같은 격한 감정들이 훨씬 누그러지는 것을 알 수 있습니다. 어떤 중년 남자는 자기 어머니가 무속인인 것이 늘 수치스러워서 교회에 열심히 다녔습니다. 이후 캐나다로 이주해 정착하고 살면서 캐나다 여성과 결혼한 그는, 아내에게조차 어머니가 무속인이라는 사실을 밝히지 못했습니다. 그런데 어느 날, 그것이 아내에게는 별로 수치스러운 일이 아니라는 사실을 깨닫게 됩니다. 그가 영어로 무속인이라는 표현을 썼을 때 한국 사회에서 경험한 압도적인 문화적 무게가 아내에게는 느껴지지 않음을 알게 되었고, 비로소 그는 자신의 과거 및 어머니의 삶과 화해할 수 있었습니다.

슬픔에게 '말'을 주는 형식에는 결코 제한이 없습니다. 스토리텔링, 글쓰기, 연극, 춤, 놀이 등은 말이 중심이 되는 다양한 매체들로서,* 이제 그 방법들을 좀 더 구체적으로 소개하겠습니다.

말하기와 글쓰기

말하기와 글쓰기는 애도 과정에서, 그리고 상실의 의미를 찾는 과정에서 가장 중요한 행위라고 할 수 있습니다.

---

* 《사려 깊은 수다》에서 이런 넓은 의미에서의 이야기하기가 왜 중요한지를 다룬 바 있다.

노인 아파트에서는 배우자를 잃고 혼자 남겨진 분들이 쓸쓸함과 그리움이 북받쳐서, 사망한 배우자에게 마치 살아 있을 때처럼 이야기를 하거나 혼자 중얼거리는 모습을 종종 볼 수 있습니다. 말하기는 자신의 목소리를 스스로 들을 수 있다는 점에서 매우 의미 있는 작업이며, 거울을 보면서 이야기하면 더욱 유익합니다.

이때 자신의 이야기를 들어주는 누군가가 있다면 정말 감사할 일입니다. 그런데 막상 무슨 이야기든 들어 주겠다는 친구가 있어도 도대체 무슨 말을 해야 할지 막막할 때도 있습니다. 사람들은 대개 상실 상황에서 가장 먼저 올라오는 감정이 분노나 슬픔이라고 생각하지만, 사실은 그리움이라고 합니다. 그러므로 자신이 느끼고 있는 감정이 무엇인지 도저히 알 수 없을 때는 과거의 추억을 이야기하는 것이 좋습니다. 에피소드들이 하나씩 떠오를 때마다 그것에 대해 이야기하는 것입니다. 그러다 보면 웃음이 나올 때도 있고 눈물이 나올 때도 있을 것입니다. 에피소드가 하나하나 끝날 때마다 잠시 침묵하는 것이 좋은데, 그 추억 속에 담긴 자신의 감정들을 소중하게 맛보고 간직할 때 상실이라는 체험을 통해 성장하는 중요한 첫걸음을 내디딜 수 있기 때문입니다.

이야기를 할 때, 듣는 사람의 상황을 고려하는 것도 중요합니다. 내 이야기를 들어 주는 것은 상대방이 내게 베푸는 친절이지 결코 의무가 아닙니다. 이를테면 한 번에 30분 이상 이야기하는 것은 듣는 사람에게 무리입니다. 상대방이 내 이야기에 지쳐 가는데 계속 이야기를 하는 것은 내 안에 건강하지 않은 역동이 시작되었다는 신호입니다. 건강하지 않은 역동이란 같은 이야기를 계속 반복하는 것으로, 이럴 때는 영적 지도자나 상담가와 이야기하는 것이 좋습니다. 같은 이야기, 같은 감정이 끝없이 반복되는 것은 특정 경험과 관련된 무엇인가가 자신 안에 꽉 막혀 있다는 뜻일 수 있습니다.

건강하지 않은 역동을 발견할 때, 사람들과 함께하는 작업에 비해 혼자 하는 작업이 너무 부족하지는 않은지 살펴볼 필요도 있습니다. 가장 좋은 것은 글쓰기나 호흡, 명상 같은 작업을 스스로 해 나가면서 사람들과 함께하는 그룹 작업을 균형 있게 병행하는 것입니다.

탄원 시 | 자기 이야기를 하는 것이 익숙하지 않다면 구약 성서에 나오는 시편 구절들을 읊어 보는 것도 좋겠습니다. 시편이라는 책에는 저자가 슬픔을 겪으면서 하느님을 향해 울며 탄식하는 탄원 시편lament psalms이 많이 등장합니다. 이런 시편들에는 하느님에 대한 예의나 조심스러움 같은 것이 없습니다. 인간의 적나라한 실존적 아픔과 상실감이 그대로 묻어납니다. 날것 그대로 내어 놓은 인간의 아픔은 그 자체가 기도라고 할 수 있습니다. 이제 몇 편의 탄원 시를 소개하겠습니다.

시편 3편

¹야훼여! 나를 괴롭히는 자 왜 이리 많사옵니까?

나를 넘어뜨리려는 자 왜 이리 많사옵니까?

²너 따위는 하늘마저 버렸다고 빈정대는 자 또한

왜 이리도 많사옵니까?

³그러나 야훼여! 당신은 나의 방패, 나의 영광이십니다.

내 머리를 들어 주십니다.

⁴나 야훼께 부르짖으면

당신의 거룩한 산에서 들어 주십니다.

시편 13편

[1]야훼여! 언제까지 나를 잊으시렵니까? 영영 잊으시렵니까?

언제까지 나를 외면하시렵니까?

[2]밤낮없이 쓰라린 이 마음, 이 아픔을 언제까지 견뎌야 합니까?

언제까지 원수들이 우쭐대는 꼴을 봐야 합니까?

[3]야훼 나의 하느님, 굽어 살피시고 대답해 주소서.

죽음의 잠 자지 않도록 이 눈에 빛을 주소서.

시편 22편

[1]나의 하느님, 나의 하느님, 어찌하여 나를 버리십니까?

살려 달라 울부짖는 소리 들리지도 않사옵니까?

[2]나의 하느님, 온종일 불러 봐도 대답 하나 없으시고,

밤새도록 외쳐도 모르는 체하십니까?

시편 57편

[3]하늘에서 보내시어 나를 살려주시고 나를 박해하는 자들에게 망신을 주시고

하느님, 당신의 사랑과 진실됨을 보여 주소서.

[4]나는 사자들 가운데에, 사람을 잡아먹는 그들 가운데에 누워 있습니다.

그들의 이빨은 창끝 같고 살촉 같으며 그들의 혀는 예리한 칼날입니다.

[5]하느님, 하늘 높이 나타나시어 당신 영광 땅 위에 떨치소서.

[6]그들은 나를 잡으려고 내 발 앞에 그물을 쳤고

내 앞에 함정을 팠으나, 저희가 스스로 빠졌습니다.

탄원 시는 수천 년 동안 인류가 고통 앞에서 읊조려 온 고백들입니다. 수없이 많은 사람들이 온갖 슬픔 앞에서 새로운 삶으로 나아가려 몸부림치고 아파하며 노래한 시라고 생각하면, 왠지 위안을 느끼게 됩니다.

또한 우리는 자신만의 탄원 시를 써 볼 수도 있을 것입

니다. 먼저 하느님의 이름을 부르고 자신의 정황을 설명합니다. 그런 후에 고통 속에서 허우적대고 있는 자신의 심정이 어떠한지를 토로합니다. '도대체 어떻게 이런 일이 일어날 수 있느냐'는 질문을 던질 수도 있고, 하느님께 '내가 무얼 잘못했느냐'고 따져 물을 수도 있습니다. 희망을 이야기하거나 자신의 소원을 말할 수도 있습니다. 다윗이 쓴 많은 시편들은 고통 중에도 하느님께 강한 희망을 둔다고 고백하는 반면, 어떤 시편들은 그런 희망 따위는 이야기하지 않습니다. 그저 하느님에 대한 원망과 자신의 괴로움을 토로할 뿐이지요. 그리스도인이라면 이와 같은 자기만의 원망시를 써 보는 것도 좋겠습니다. 물론 그리스도인이 아니어도 상관없습니다. 크고 작은 상실감, 슬픔과 아픔을 적나라하게든 상징적으로든 솔직하게 표현해 보면 좋을 것입니다. 신여성 김영순은 〈유언〉이라는 시에서 이렇게 아픔을 토로하고 있습니다.

조선아, 내가 너를 영결할 때

개천가에 고꾸라졌던지 들에 피 뽑았던지

죽은 시체에게라도 더 학대해 다오.

그래도 부족하거든

이다음에 나 같은 사람이 나더라도

할 수만 있는 대로 더 학대해 보아라.

그러면 서로 미워하는 우리는 서로 작별된다

이 사나운 곳아, 이 사나운 곳아.*

  일제 강점기에 지식인 여성으로서 어려운 삶을 살아야 했던 아픔이 절절히 느껴지는 시입니다.

  일기 | 일기 쓰기journaling는 가장 보편적인 방법입니다. 매일 매일 마음속에 일어나는 일들을 적습니다. 그리움이 일면 그리움에 대해, 화가 치밀어 오르면 그 분노에 대해 일기를 쓰는 것입니다. 그런데 일기 쓰기에 대해 알아두면 좋은 팁이 있습니다. 힘들고 지친 상태에서 자신에게 논리 정연한 글쓰기를 기대해서는 안 됩니다. 그럴 때는 그저

● 《일제강점기 한국문학전집 18: 김명순》

마음에 일어나는 생각이나 느낌의 조각을 끼적이는 것으로 충분합니다. 색감에 민감한 사람이라면 색연필을 준비해 두었다가 그때그때 쓰고 싶어지는 색을 골라 글을 씁니다. 때로는 왼손으로 자기 안에 일어나는 생각들을 적어 보기도 합니다. 평소에 주로 쓰지 않는 손으로 글을 적어 내려가다 보면 색다른 리듬이 생기고 이전에는 생각지 못했던 내용이 떠오르기도 합니다.

종이를 바꾸는 것도 좋습니다. 신문 광고 여백에 글을 쓰거나, 낡은 잡지책을 찢어 사진이나 본문 옆에 자기 생각을 적어 봅니다. 그것들을 나중에 함께 묶어 다시 읽어 보아도 좋습니다.

로라라는 여성은, 셋째 아이를 임신했는데 아이가 심장에 문제가 있어 태어나더라도 평생 아플 것이고 사산할 확률도 높으니 포기하라는 선고를 받았습니다. 자궁 속 아이를 곧 떠나보내게 될지 모르는 상황에서, 그녀는 임신 기간 동안 두 아이들과 함께 꾸준히 애도 일기를 썼습니다. 그녀는 이 작업을 했던 시간들이, 있는 그대로의 상황을 받아들이면서 아직 태어나지 않은 생명과 가족들 간의 깊은 사랑과 유대를 확인하는 소중한 시간이었다고 말합니다. 이것은 '보내주기'와 '맞이하기' 사이의 임계 공간을 무척 아름답게 살아낸 예라고 볼 수 있습니다.

미래 상상하기 | 사랑하는 사람이나 부모 형제를 잃었을 때, 혹은 직업을 잃었을 때, 자신의 삶이 이후 어떻게 진행되어 갈지를 아주 멋지게 상상해 봅니다. 예를 들어 '나는 일자리를 잃었지만 내 문제점을 잘 해결하고 곧 더 좋은 직장을 가지게 될 거야.' '사랑하는 ○○을 잃었지만 그는 내 곁에 늘 함께할 것이고 지금까지보다 더 깊은 사랑을 나눌 거야.' 이런 식으로 상상을 더해서 새로운 이야기를 만들어 가는 것입니다. 이 작업은 마음 깊은 곳에서 자신이 원하는 미래의 모습을 들여다보게 하고, 더 나아가 미래를 긍정적으로 생각하도록 도와줍니다. 희망과 신뢰를 연습하는 이유는, 슬픔을 깊이 살아내는 중에도 새롭게 다가올 삶을 내다보게 해주기 때문입니다. 상상력의 힘을 강조하는 많은 전문가들의 말대로, 새로운 삶을 한번 상상해 보는 것만으로도 우리는 훨씬 큰 용기를 갖게 됩니다.

인생 구좌 작성하기 | 소중한 관계나 일을 잃고 나면 갑자기 인생이 텅 빈 것 같은 느낌이 듭니다. 하지만 한 사람의 인생에는 삶을 지지해 주는 여러 소중한 관계들과 긍정적인 환경 및 조건들이 여럿 존재하기 마련입니다. 자칫 모든 것을 잃었다는 극단적인 생각에 빠지기 전에, 자기 인생의 구좌에 어떤 손실이 있었고 또 어떤 이득이 있었는지를 따져 보는 일은 그래서 중요합니다.

인간 관계의 구좌를 만들기 위해서는, 인생에서 축복처럼 만나게 된 사람과 잃어버린 사람들을 각각 떠올려 봅니다. 이 작업을 해 보면 여전히 남아 있는 좋은 관계들에 대해 감사하게 될 것입니다. 처음에는 좋았다가 중간에 틀어져서 소원해지거나 나빠진 관계도 있을 것이고, 반대로 처음에는 나빴다가 좋아진 관계들도 있을 것입니다. 또한 좀 더 적극적으로 발전시켜 가고 싶은 관계들을 찾아낼지도 모릅니다.

일에 대한 인생 구좌를 작성하면서는, 지금까지 자신이 했던 일들을 돌아볼 수 있습니다. 학생 시절에 했던 아르바이트부터 정식 직원으로 있었던 직장에서의 일, 혹은 현재

파트 타임으로 하고 있는 일, 아이를 키우는 일, 살림하는 일 등을 나열하면서, 내가 얻은 것은 무엇이고 잃은 것은 무엇인지, 나에 대해 무엇을 알게 되었는지 등을 헤아려 봅니다.

시 쓰기 | '나는 시인이 아닌데 어떻게 시를 쓰지?'라는 의문이 들지도 모르지만, 그저 토막토막 떠오르는 말들을 리듬에 맞추어 써 나가면 됩니다. 앞 장에서 소개한 줄리아 프린츠 수녀는 이렇게 이야기합니다. "암 선고, 수술, 그리고 이어지는 치료 과정 동안 유난히 밤이 어둡고 길게 느껴졌어. 아마 심각하게 아파 본 사람은 알 거야. 수도자로서 또 신학자로서 내가 말을 잃어버릴 거라곤 상상하지 못했지.… 그런데 암에 걸리고 생과 죽음 사이를 오가면서 말을 찾을 수 없었어. 그저 가슴속에서 터져 나오는 쪼개진 단어들을 나열할 수밖에 없었던 거야. 문법도, 맞춤법도 다 상관없이 써 내려갔어. 어떤 날은 외롭고 두려웠고, 또 어떤 날은 희망을 느끼기도 했어."

다음은 말을 잃은 그녀가 가슴 속에서 조각조각 터져 나온 말들로 써 내려간 시입니다.[•]

틈새	In between
잿빛 하늘	graysh sky
햇빛이 나야 할	no reason
이유는 없습니다	for sunshine
하지만 그저 빛은	but it rays
퍼져 나갑니다	just expand
눈에는 안 보이지만	Invisible to the eye
마음에	for the mind
따스함이 넘쳐	no reason
용기가 솟아나야 할	warmth fills
이유는 없습니다	Hope's presence
	courage unfolds

● 줄리아 수녀는 어떤 종류의 상실을 겪었든 말을 잃은 누군가가 있다면 위로가
되기를 바라는 마음으로 자신의 시들을 건네주었는데, 지면 관계상 두 편만 소개
한다.

그런 건 어디서 오고　　　　　where does it come from

어디로 가는지　　　　　　　where does it go

결코 알 수 없습니다　　　　never know

언제 다시　　　　　　　　when again

삶의 희열이 나를　　　　　the bliss of living

만질지　　　　　　　　　will touch another time

움켜지려 하면 안 돼요　　　don't hold

그냥 가게 하세요　　　　　let it pass

위안이　　　　　　　　　no reason

꼭 내게 올 이유는 없어요　　-consolation.

약함의 비교급	The Comparative of Weak
사람들은 말하지	They say
'약한'의	the comparative
비교급은	of weak
'더 약한'이라고	is weaker
아닌 것 같아,	I don't think so,
문법은	grammar
진실이	is not
아니야	true
'약한'의	the comparative
비교급은:	of weak
'사라지는'이야	is:
	disappearing

느리게	slowly
아무도 모르게	nobody notices
그게 약함의 유일한	its only
비교급이야	the comparative
–하지만 당신은 알아	–but you know
그리고 오직	and only
당신만 알아	you know
돌아가는 길은 없어	there is no coming back
지금 당장은	not right now
빠른 시일 안에는	not soon
당신이	You don't
보내주는 것이 아니란 걸:	let go;
생이 당신을	you are
보내주는 거란 걸	Let gone

내면의 조각난 말과 아우성이 어떤 형태로든 깊은 진실을 말할 수 있을 때, 그 말은 시가 됩니다. 문법, 규칙, 관습을 떠나 쏟아낸 말들은 스스로도 깜짝 놀랄 정도로 자신을 받쳐 주는 큰 힘을 발휘할 것입니다.

아트(미술/창작)

신이 인간을 창조하던 그 순간에 충만하던 생명의 기운을 생각할 때, 어떤 것이 되었든 무엇인가를 만드는 일에는 생명이 깃든다고 말할 수 있을 것입니다. 특히 자신이 겪은 슬픔을 말로 표현하기 힘든 순간에 다른 창조적인 방식으로 그 슬픔을 표현해 본다면, 생명은 아주 큰 치유의 힘을 발할 것입니다. 어떤 종류의 창작이든 가장 주의해야 할 점은, 자기가 만든 예술 작품을 비판해서는 안 된다는 점입니다.

벽화 그리기 | 음악을 틀어 둡니다. 평소 좋아하는 것이라면 어떤 장르의 음악이든 좋습니다. 벽면에 커다란 갱지나

전지를 붙여 둡니다. 붓과 물감을 준비해서 그때그때 떠오르는 이미지를 표현합니다. 음악에 맞추어 춤을 추면서 그림을 그릴 수도 있습니다. 붓에 물감을 흠뻑 묻혀 뿌리는 작업을 할 수도 있고, 종이에 물감을 두껍게 묻힌 후 손바닥으로 펴 바르면서 순간순간 떠오르는 이미지를 만들어 갈 수도 있습니다.

이러한 작업을 마음이 맞는 친구들과 함께 하는 것도 좋습니다. 이것은 애도의 과정 중에 있는 이들이 별다른 말을 하지 않고 사람들과 함께 작업을 하면서 지지와 위로를 받을 수 있는 좋은 방법 중 하나입니다.

콜라주 만들기 | 신문, 잡지에 실린 이미지나 글을 모아서 도화지 혹은 딱딱한 판에 무작위로 붙입니다. 자신의 의도대로 미리 준비한 이미지를 사용할 수도 있겠지만, 아무런 의도 없이 잡지나 신문에서 순간적으로 눈에 띄는 이미지나 문구를 붙이는 것이 더 좋습니다. 이렇게 하면 미처 그 뜻을 생각하지 못했던 이미지들이 새롭게 연결되는 것을 확인할 수 있고, 그저 단순하게 마음에 드는 문구들이 새로

운 메시지로 다가올 수도 있기 때문입니다.

이 작업을 위한 한 가지 팁은 시작하기 전에 똑같은 크기의 종이를 마련해 두는 것입니다. 나중에 이 작업의 결과물들을 한데 모아 보면 자기 마음의 흐름과 그때그때 자신에게 다가온 메시지들을 보며 다시 성찰해 볼 수 있기 때문입니다. 한 장의 콜라주가 완성되면 뒷면에 번호를 매기고 작품 제목을 붙입니다. 그리고 작품을 살펴보면서 일어나는 느낌이나 생각을 간단히 적어 둡니다. 그렇게 만든 콜라주들을 이어 한 장의 포스터로 만들 수도 있는데, 이렇게 만들어진 또 다른 커다란 콜라주에서 새로운 메시지나 의미를 발견하는 경우도 있습니다. 그룹으로 작업한 경우는, 각자의 작품을 벽에 자유롭게 이어 붙여서 커다란 콜라주를 만들고 함께 감상하면서 느낀 바를 서로 나눌 수 있습니다.

찰흙 작업 | 많은 사람이 자신의 힘든 시기에 가장 도움이 되었던 작업 중 하나가 찰흙 빚기였다고 이야기합니다. 도자기를 빚을 수 있는 여건이 되면 더욱 좋겠지만, 문구점에

서 쉽게 구할 수 있는 찰흙으로도 충분합니다. 먼저 찰흙을 준비해 잘 반죽합니다. 흙을 만지는 것 자체가 마음을 안정시켜 주는 역할을 하는데, 특히 반죽을 하면서 호흡을 훈련할 수 있습니다. 자신의 호흡에 맞춰 숨을 내쉬면서 찰흙을 밀고, 숨을 들이마시면서 반죽을 안으로 끌어들여 봅니다.

무엇을 만들어야 할지 막막해 할 필요는 전혀 없습니다. 어떤 이미지든 원하는 대로, 떠오르는 대로 표현해 봅니다. 이미지를 만드는 것이 어려우면, 판을 만들어 그 위에 그림을 그립니다. 반죽용 밀대로 찰흙 반죽을 밀어 판판하게 만든 후 원하는 모양대로 잘라 냅니다. 그리고 그 위에 손가락 혹은 뾰족한 도구, 나무젓가락 등으로 자유롭게 그림을 그릴 수 있습니다.

어린이용 칼라 찰흙도 부담 없이 시도해 볼 수 있는 재료입니다. 여러 가지 색깔로 구성되어 있고 보관하기도 쉬워서, 찰흙 작업이 어렵게 느껴진다면 칼라 찰흙으로 시작하는 편이 도움이 될 것입니다. 흔히들 해바라기를 만들 때는 노란색과 고동색을 선택하곤 하지만, 빨강색 해바라기도 나쁘지 않고, 파랑색 해바라기도 괜찮습니다. 하늘색 집이나 분홍색 자동차를 만들고, 활짝 웃는 얼굴을 빚어 보는 작업은 우리를 아이처럼 즐겁게 해줄 것입니다. 만일 어린 이의 애도 작업을 함께하고 있다면, 특별히 이 찰흙 작업을 통해 어른과 어린이가 함께 스스럼없이 이야기를 나눌 수 있습니다.

사진 찍기 | 요즈음은 스마트폰이 대중화되고 기술도 발달해서 많은 사람들이 사진 찍기를 즐기는 것 같습니다. 생각해 보면, 주의 깊게 관찰하고 중요한 순간을 포착하는 사진 찍기의 본질은 현재에 머무르는 마음 챙김mindfulness 수련과 아주 흡사합니다. 이 작업은 시간을 오래 들이지 않아도 되고, 또 특별한 장소로 가지 않아도 된다는 장점이 있습니다.

자신의 집이나 사무실에서도 할 수 있습니다. 카메라를 들고 어떤 사물이든지 평소에 보지 않던 각도에서, 혹은 아주 가까운 거리에서 사물을 찍습니다. 그러면 미처 생각지 않았던 모습이 포착되기도 하고 때로 추상적인 이미지가 찍히기도 할 것입니다. 또는 하루에 30분씩 산책을 하면서 새롭게 보이는 사물들을 찍어 봅니다. 새롭게 느껴지는 나무의 결, 산책하는 개의 점잖은 모습, 동네 가게의 유리문, 보도 블록의 문양, 굴러다니는 돌멩이, 자연스럽게 피어 있는 이름 모를 꽃 등, 무엇이든 새로운 눈으로 보면 많은 사물을 새롭게 만날 수 있게 됩니다.

사람들과 함께해도 좋습니다. 그룹으로 모여 실내의 한 공간에서 30분 동안 사진을 찍고, 나가서 다시 30분 정도 찍습니다. 각자의 사진들을 모아서 슬라이드쇼를 통해 함께 감상하고, 자기에게 가장 인상적이었던 사진이 무엇인지 잠깐 나눔의 시간을 갖습니다. 이렇게 하면서 자신의 생각을 정리할 수 있고, 또 다른 사람이 나누는 이야기를 통해 삶에 대한 새로운 시선과 통찰을 얻을 수 있습니다.

몸 작업

몸으로 하는 작업의 중요성에 대해서는 굳이 더 말할 필요가 없을 것입니다. 특히 트라우마 연구와 관련해, 상실을 겪고 애도 기간을 보내는 사람들을 위해 호흡, 춤, 연극 등이 치유를 돕는 방법으로 제시되고 있습니다. 요가를 하다 보면 울음을 터뜨리는 사람들을 자주 보게 되는데, 호흡에 맞추어 몸을 움직일 때 울컥하면서 자신의 내면에 있던 어떤 정서가 표출되는 것 같습니다. 춤도 마찬가지입니다. 음악을 따라 자신의 몸이 원하는 대로 표현할 때 눈물이 많이 흐릅니다. 여기서는 간단한 호흡과 몸 기도, 춤에 대해서 설명하겠습니다.

호흡 | 숨을 들이마시고 내쉬는 일은 살아 있는 사람이면 누구나 하는 일임에도, 우리는 호흡에 대해 잘 알지 못하는 듯합니다. 숨을 제대로 잘 쉬기는 그다지 쉽지 않습니다. 척추를 똑바로 하다 보면 어깨에 힘이 들어가기 쉽고 호흡은 쉽게 흩어집니다. 내가 권하고 싶은 것은, 그저 편안히 앉는 것입니다. 기댈 수 있는 소파도 좋은 것 같습니다. 가부좌를 트는 것이 좋겠지만, 다리가 긴 사람들은 바르게 앉았을 때 발이 바닥에 잘 닿는 의자에 앉으면 됩니다. 다리가 길지 않고 가부좌가 불편한 사람들은 낮은 의자를 택합니다. 턱을 약간 내리고 두 손은 다리 위에 놓습니다. 호흡

이 잘 흐를 수 있도록 하기 위해 어떤 자세가 좋은지는 각자 연습을 통해 깨달아 가는 것이 좋다고 생각합니다.

첫 호흡 훈련으로 가장 좋은 것은 '옴' 소리 내기 명상입니다. 힌두교 전통에서 온 '옴'은 우주의 음절이라고 해서 기본적인 생명의 떨림 혹은 진동을 의미합니다. 이 '옴' 소리를 내면 호흡을 들이마시고 내쉬는 리듬을 정확히 훈련할 수 있습니다. 먼저 숨을 들이마십니다. 다시 숨을 내쉴 때 '옴'이라는 소리를 내며 천천히 숨을 내쉽니다. 숨을 들이마실 때 배가 나오면 숨을 제대로 들이쉰 것이고, 배가 들어가는 것을 느끼면서 천천히 '옴' 소리를 냅니다. 처음에는 '옴' 소리가 들어 있는 명상 음악을 틀고 따라 하면 도움이 되는데 나중에 호흡이 자연스러워지면 '옴' 명상 없이 호흡만 해도 무방합니다.

기독교에는 호흡을 하면서 마음을 가다듬는 방법으로 '자비를 구하는 기도'가 있습니다. 이것은 러시아 정교회의 전통으로서, "주 예수 그리스도, 하나님의 아들이시여, 죄인인 나를 불쌍히 여기소서"Lord Jesus Christ, Son of God, Have Mercy upon me, a Sinner라는 기도만을 평생 했다는 어느 수도자의 기도라고 합니다. 호흡이 기도가 되게 하는 단순한 기도라고 볼 수 있습니다.

마지막은 내가 태국의 스님에게서 배운 호흡으로서, 그저 무심히 호흡을 바라보는 방법입니다. 어느 순간 마음이 흐트러졌다면 그저 자연스럽고 부드럽게 그 호흡을 다시금 바라봅니다. 그것도 어렵다면, 그러니까 호흡을 하다가 계속해서 분심이 들면 즉시 '지금'이라는 말을 만트라처럼 반복하라고 그 스님은 권해 주셨습니다. 거의 모든 종교가 호흡을 가지고 기도나 명상을 한다는 것은 정말 경이로운 일입니다.

몸 기도 | 많은 종교 전통에서 호흡 다음으로 자주 행하는 것이 몸 기도입니다. 한국 불교에서는 절을 합니다. 절은 자신의 온몸을 낮추고 땅에 이마를 대고 빈 손을 하늘을 향해 들어올리는, 몸으로 하는 경건한 기도입니다. 절을 하면서 자신의 삶을 성찰하고 바른 삶을 향해 나아가겠다고 다짐하는 절 수행은 가장 기본적인 몸 기도라고 할 수 있겠습니다.

기독교는 몸을 사용하는 것에 익숙하지 않은 경향이 있지만, 시편을 보면 고개를 들거나 팔을 드는 대목이 많고 무엇보다 시편의 화자들은 걸으면서 이 시편을 노래했음을 알 수 있습니다. 또한 요즘은 찬송에 맞추어 춤을 추기도 하고, 공동체가 함께 모여 전례의 춤으로 기도하는 경우도 있습니다. 예를 들어 예수 전도단이라는 단체의 '핸즈' Hands는 몸으로 하는 기도와 연극이 어우러진 형태라고 할 수 있습니다. 여기서는 기독교의 대표적인 기도문에 맞추어 수행하는 몸 기도를 소개합니다.

주의 기도

하늘에 계신   (왼손을 높이 든다)

우리 아버지   (오른손을 높이 든다)

아버지의 이름이   (오른손을 왼쪽으로, 왼손을 오

                              른쪽으로 움직여 X자를 만든다)

거룩히 빛나시며   (두 손을 흔들어 양쪽으로 편다)

그 나라가 임하시며   (허리를 굽혀 편 손을 그대로

	땅으로 내린다)
아버지의 뜻이	(허리를 펴면서 두 손을 나란
	히 앞으로 편다)
하늘에서와 같이	(나란히 편 손을 그대로 귀 뒤
	까지 올린다)
땅에서도 이루어	(왼손을 반원을 그리며 들어 올
	린 후 오른손도 동일하게 한다)
지소서.	(두 손바닥을 맞닿게 하여 기
	도하는 손을 만든다)
오늘 우리에게	(두 무릎을 꿇고 앉는다)
일용할 양식을 주시고	(두 손등을 땅에 대고 허리를
	굽힌다)
우리에게 잘못한 이를	(왼쪽으로 몸을 기울인다)
우리가 용서하듯이	(중앙으로 온다)
우리 죄를	(오른쪽으로 몸을 기울인다)
용서하시고	(중앙으로 온다)
우리를 유혹에 빠지지	(무릎을 든다)
말게 하시고	(똑바로 선다)

악에서 구하소서.   (두 손을 벌려 머리 위에 올린

후 아래로 내린다)

평화를 구하는 기도

주여,   (고개를 숙인다)

나를 평화의 도구로   (고개를 들면서 두 손을 마주쳐

가슴까지 올린다)

써 주소서.   (정수리까지 올린다)

미움이 있는 곳에   (두 손을 깍지 끼고 왼쪽으로

도리깨질 하듯이 던지면서 펴

준다)

사랑을   (활짝 펴진 두 손을 가슴에 갖다

댄다)

다툼이   (왼손 주먹을 쥐고 왼쪽으로

밀어 낸다)

있는 곳에   (오른손 주먹을 쥐고 오른쪽으

로 밀어 낸다)

평화를	(주먹을 펴고 양 옆으로 힘을 빼고 내린다)
분열이 있는 곳에	(두 손을 깍지 낀 후 힘껏 빼 내어 두 손이 멀어지게 한다)
일치를	(왼손은 오른팔을 오른손은 왼팔을 꽉 쥔다)
그릇됨이 있는 곳에	(목이나 몸을 좌우로 흔든다)
진리를	(몸을 바르게 한다)
절망이 있는 곳에	(고개를 숙이고 푹 쓰러져 바닥에 앉는다)
희망을	(고개를 든다)
어두움에 빛을	(바닥에서 일어나 앉는다)
슬픔이 있는 곳에	(두 손으로 얼굴을 가린다)
기쁨을 가져다주는 자	(두 팔을 활짝 펼치고 어깨를 편다)
되게 하소서.	(다시 두 손을 가슴에 모은다)
위로받기보다는	(두 손을 합장하고 왼쪽으로 민다)

위로하고	(두 손을 합장하고 오른쪽으로 민다)
사랑받기보다는	(두 손을 합장하고 왼쪽으로 민다)
사랑하고	(합장한 손을 오른쪽으로 밀다 가 두 손을 떼어 활짝 편다)
이해받기보다는	(똑바로 선다)
이해하게 해 주소서.	(무릎을 굽히고 손을 들어 무엇 인가를 지지하는 자세를 한다)
우리는 줌으로써 받고	(두 손을 앞으로 밀었다가 가 슴 쪽으로 잡아당긴다)
용서함으로써 용서받으며	(손등이 올라오게 하여 양손 을 폈다가 손바닥이 올라오게 한다)
자기를 버리고 죽음으로써	(온몸을 앞으로 깊이 숙인다)
영생을 얻기 때문입니다.	(똑바로 선다)

나는 여기서 '주의 기도'와 평소에 좋아하는 기도문인 성 프란체스코의 '평화를 구하는 기도'를 가지고 몸 기도를 만들어 보았습니다. 이 밖에도 시편과 같은 구절을 가지고 몸 기도를 할 수도 있을 것입니다. 몸짓을 하면서 기도하다 보면 그 의미가 더 깊이 느껴지고, 마음이 편안해짐을 느낄 수 있습니다. 꼭 기도문이나 성서의 내용이 아니더라도 자신의 마음을 대변해 주는 듯 느껴지는 시를 동작을 만들어 가며 읽어도 좋습니다.

춤 | 춤은 사람을 기쁘게 할 뿐 아니라 감정을 좀 더 선명하게 느끼도록 해 줍니다. 춤을 추기 위해서는 여러 종류의 음악을 준비하는 것이 좋습니다. 경쾌한 음악에서부터 우울한 느낌의 음악, 클래식, 팝 등 다양한 음악을 시도해 보면서 자신의 기분에 맞는 음악이 어떤 것인지를 찾아낼 수 있습니다. 또 약간 우울한 느낌으로 시작해서 점점 경쾌한 음악으로 바꾸어 나가는 것도 좋은 방법입니다. 현재 자신이 좋아하는 어떤 노래나 곡이 있다면 그 음악이 가장 좋은 것이 되기도 합니다.

우선 음악을 듣다가 그에 맞추어 자연스럽게 춤이 나오면, 그대로 리듬을 따라가면 됩니다. 춤이 잘 나오지 않을 때는 손을 움직이는 것으로 시작할 수 있습니다. 손을 펴고 원을 그리면서 음악에 맞추어 조금씩 움직여 갑니다. 오른쪽으로 원을 만들었으면 다시 왼쪽으로도 만들어 보고 작은 원과 큰 원을 만들어 봅니다. 손의 움직임을 따라 목과 허리를 함께 움직여 봅니다. 자연스러운 움직임이 나오면 그때부터는 그냥 움직이고 싶은 대로 움직이면 됩니다.

손을 움직이는 것이 부자연스럽다고 느끼면 발을 움직여 볼 수도 있습니다. 발을 아주 조금씩 움직여 걸음을 걸을 수도 있고, 발을 들어 원을 만들 수도 있습니다. 까치발을 들기도 하고 무릎을 굽히기도 합니다. 깡총깡총 뛰거나 점프를 할 수도 있습니다. 편안한 느낌이 드는 동작을 계속하다가 발을 움직이는 것이 편안해지면 이제 음악에 맞추어 계속 다른 동작들을 이어 갑니다.

느린 곡으로 시작해서 점점 빠르고 유쾌한 곡으로 바꾸어 가면, 나중에는 빠른 춤을 출 수 있습니다. 빠른 동작을 하면 다양한 감정이 북받쳐 오를 수 있는데, 그 감정들을 하나하나 받아 안는다는 느낌으로 움직임을 계속합니다. 빠른 곡으로 시작해 느린 곡으로 끝나는 경우는 명상으로 이어지기도 합니다. 이때 자신이 그리워하고 있는 사람이 자신을 바라본다는 상상을 할 수도 있고, 마음속 대화를 나누기도 합니다.

춤이 잘 나오지 않으면, 방에 있는 컵이나 화초 같은 사물을 한 가지 선택합니다. 혹은 강아지 같은 생물도 좋습니다. 선택한 대상을 한참 동안 관찰하고, 그것을 몸으로 표현해 봅니다. 개나 고양이의 움직임은 요가의 기본 동작이 되기도 합니다. 정지해 있는 듯한 화초도 가만히 관찰하다 보면 움직임이 느껴지거나 그 고유의 모습을 발견할 수 있는데, 그 모습 혹은 움직임을 표현해 보는 것입니다. 여기서 중요한 것은 절대 무리하지 않고 리듬 안에서 몸을 자유롭게 움직이는 일입니다. 그렇게 하다 보면 뜻밖에도 사물과 자신이 연결되어 있다는 느낌이 들기도 하고 그것을 통해 위안을 받기도 할 것입니다.

땀을 흘리며 춤을 추고 나서는 자기 손을 정성스럽게 만져 줍니다. 떠오르는 느낌이나 기억이 있다면 되새겨 보며 손을 다정하게 계속 어루만져 줍니다.

만일 그룹으로 이 작업을 함께 한다면 훨씬 많은 것을 해 볼 수 있습니다. 가장 기본적인 작업은 거울 작업인데, 서로 상대방의 거울이 되어서 동작을 따라 해주는 것입니다. 이렇게 자신의 느낌을 그대로 보여 주는 파트너의 동작을 바라보면서 자신의 느낌이 어떠한지를 객관적 시선으로 바라볼 수 있습니다. 그룹 안에서 자기 삶의 에피소드를 이야기하며 표현하는 방식도 좋습니다. 가령, 어린 시절에 나무에서 떨어진 기억을 이야기한 후 나무로 올라가는 동작을 하고 떨어지는 동작을 해 보는 것입니다. 이때 상상력을 동원해서 이야기를 바꿀 수 있는데, 그룹이 함께 이 이야기를 어떻게 바꿀지 의논합니다. 예를 들어, 떨어지는 순간 다른 사람들이 땅이 되어서 받아 안아 줄 수도 있고, 나무가 되어 가지를 뻗어 꼭 붙들어 줄 수도 있습니다. 이러한 인터플레이는 즐거운 놀이와 상상력을 통해 어떤 기억으로부터의 치유를 도울 수 있습니다.

이 작업이 좋은 결과를 내기 위해서는, 처음에는 단순한 그룹 인터플레이를 통해 서로를 알아 간 후에 점차적으로 진행하는 것이 좋습니다. 예를 들면 함께 다리를 만들거나 잘 아는 이야기의 한 장면을 만들어 보면서 서로의 동작에 익숙해진 후에 심화된 작업으로 나아갑니다.

예전 만들기

예전은 슬픔을 보내고 새로운 의미를 찾아내도록 돕는 매우 효과적인 행위입니다. 예전의 가장 큰 장점은 상징의 힘에 있다고 할 수 있습니다. 상징을 통해 경험을 형상화할 수 있고 그 상징들을 직접 만져 보면서 자신이 주체가 되어 상실의 상황을 통제할 수 있다는 생각을 강화시켜 주기 때문입니다. 잘 짜인 예전은 지난 시간과 현재의 순간, 그리고 앞으로 다가올 시간을 한번에 경험하는 장이 됩니다. 또한 예전은 개인을 위한 것이면서도 공동체가 함께하는 것으로서, 신뢰할 수 있는 이들이 함께 위로와 사랑을 전하는 지지의 자리이기도 합니다.

한편 예전을 수행하기에 가장 좋은 시점은 바로 임계 공간으로 들어가기 시작하는 때입니다. 즉 상실 이후 여러 극적인 반응들이 지나가고 상실이 자신의 일부분이 되어 일상으로 돌아가는 시점, 내면적으로 '보내주기'와 '맞이하기'가 공존하는 틈새 공간이 생겨나고 내적 성숙과 삶의 변화를 경험하는 때입니다. 우리는 이 틈새 공간에서의 예전을 통해, 잃어버린 것들에 대한 그리움과 새로운 희망을 깊이 간직할 수 있습니다. 상실은 누구나 겪는 삶의 한 부분이지만 동시에 사람마다 제각각 다른 경험일 수밖에 없기에 여기서 모든 것을 다룰 수는 없습니다. 다만 아래와 같이 몇 개의 예를 제시해 보겠습니다.[•]

장소를 떠나는 예전 | 정들었던 장소를 떠나 새로운 곳으로 옮겨 갈 때 실천할 수 있는 예전으로, 오랜 시간을 보낸 공간의 의미를 짚어 보고 새로운 곳에서의 삶을 만날 준비를 하도록 도와줍니다.

우선 이 공간에서 함께했던 가까운 친구들을 초대합니다. 초대할 때는 이 공간을 떠나는 사람을 축복하는 글이나

[•] 예전을 만드는 좀 더 구체적인 방법은 《사려깊은 수다》를 참고하라.

시 들을 가져오도록 부탁합니다.

준비물

이 공간에서의 추억을 대표하는 물건들(예를 들어, 사진, 장난감, 찻잔 등), 상자, 축복의 글

방법

- 함께 천천히 공간을 둘러봅니다. 앞마당이 있으면 나무도 만져 보고, 벽이나 아꼈던 가구들도 모두 만져 보게 합니다.

  테이블 주위에 둥그렇게 앉습니다. 진행자는 한 사람씩 돌아가면서 이 공간에서의 추억을 이야기하도록 합니다.

- 이 공간을 떠나는 사람은 자신이 준비한 물건들을 하나하나 설명합니다. 이때 가짓수는 너무 많지 않아야 합니다.

- 설명이 끝나면 진행자가 예쁜 상자에 그 물건을 담아 테이블 위에 놓고, 감사한 마음으로 침묵 속에 머물

도록 인도합니다.

- 이어서 초대받은 사람들이 준비해 온 축복의 글을 읽습니다.

예) 지영아, 이 집에서는 늘 모임이 있었지. 함께했던 많은 모임들 그리고 그 웃음을 기억해. 너는 언제나 음식을 준비하고 우리를 맞아 주었지. 고맙다는 인사도 제대로 못 했던 것 같아. 네가 가는 그곳에도 언제나 웃음이 따라갈 거야.

- 축복의 글은 상자 주위에 놓습니다.
- 나중에 진행자는 그 축복의 글을 상자에 넣고 싸서 떠나는 사람에게 줍니다.

이혼 | 결혼은 많은 사람의 축복 속에서 성대하게 거행되지만 이혼은 대부분 혼자 마음 아파하면서 겪어 내는 경우가 많습니다. 하지만 이혼이야말로 더 많은 위로와 격려가 필요한 힘겨운 과정임이 분명합니다. 커플이 함께 이혼

예전을 행할 때는 결혼 서약의 파기와 자녀 양육에 대한 지속적인 책임 등을 약속하고 서로를 축복하는 과정으로 진행될 수 있습니다. 여기에 소개하는 예전은 이혼이라는 사실을 잘 받아들이고 새로운 삶으로 나아갈 수 있도록 도와주는 예전입니다.

준비물

초, 인센스, 털실, 가위, 씨앗들

초를 켜고 인센스를 태워 향기를 냅니다. 한쪽에 털실과 가위를 놓아 장식합니다.

방법

- "나를 잃어버릴 만큼 힘들었던 결혼 생활에서, 그 동안의 헌신과 약속에서 나를 놓아 줍니다" 하고 말합니다. 진행자는 이 말이 끝나면 털실 타래를 잡아 실을 아래로 길게 늘어뜨리고, 이혼한 사람은 가위로 그 실을 자릅니다.

  "결혼 생활이 어딘가 잘못되었음을 알면서도 인정하

지 않았던 시간들도 이제는 놓아 줍니다"라고 말하면서 또 늘어뜨려진 털실을 자릅니다.

"다음 걸음으로 나가는 것이 두려워 아무 일도 할 수 없었던 무력하고 우울했던 시간들을 놓아 줍니다"라고 말하면서 다시 털실을 자릅니다.

"나와 결혼으로 인해 묶였던 ○○○을 보냅니다"라고 말하면서 털실을 다시 자릅니다.

"그 결혼으로 인해 헌신했던 모든 관계들도 보냅니다"라고 말하면서 털실을 자릅니다.

"결혼을 통해 내가 가졌던 모든 불안과 아픔들을 보냅니다"라고 말하면서 털실을 자릅니다.

"결혼 기간 동안 품었던 미움과 용서할 수 없었던 마음도 보냅니다"라고 말하면서 털실을 자릅니다.

• 다시 자리에 돌아와 앉으면, 초대된 사람들이 한 사람씩 나와 다가올 시간들을 축복하고 미래를 향한 희망을 상징하는 씨앗을 테이블 위에 놓습니다.

• 새로운 삶을 상징하는 행위로서, 떨어진 실들을 한꺼번에 모은 후 끝을 묶거나 땋아서 두꺼운 실로 만듭

니다. 그리고 실타래와 다시 연결하고 이렇게 이야기합니다. 내 삶의 중요한 시기를 엮어 만든 이 두꺼운 실은, 이 경험이 나를 강하게 하고 또 성숙하게 하였음을 상징합니다. 이렇게 실타래와 연결하는 것은 이제 내 새로운 삶이 계속 이어짐을 상징합니다.

- 실을 잡아당기면서 "나는 이제 다시 새로운 삶을 걸어가겠습니다"라고 말하면, 참가자들은 "당신의 새 날들을 축복합니다"라고 말해 줍니다.

- 모두 밖으로 나가 미래의 희망을 상징하는 씨앗을 뿌립니다.

폐경기

준비물

초, 꽃, 물, 솔

방법

- 원형으로 둘러앉습니다. 중앙에 큰 보라색 초를 켜고 주위를 꽃으로 장식합니다. 그 둘레에 작은 보라

색 초들을 놓고, 큰 대접에 물을 담아 곁에 놓습니다. (보라색은 여성성을 상징하는 색깔입니다)

- 진행자는 "우리는 세월이 흐른다는 것, 인생의 한 시기가 끝나고 또 새로운 시기가 시작된다는 것을 함께 기념하려고 모였습니다. 생리는 여성으로서의 삶을 규정하는 하나의 요소로서 우리 삶에 늘 있어 왔습니다. 생리는 사라지는 것이 아니라 새로운 생명의 에너지, 즉 지혜와 창조성으로 우리 안에 존재합니다. 죽음에서 새로운 삶으로 건너가는 통과의례를 시작합니다"라고 말합니다.

- 폐경을 기념하는 여성은 앞으로 나와서 이 변화가 준 괴로움과 아픔에 대해 이야기합니다.

- 전체 참가자는 "우리는 당신을 축복합니다. 이 괴로움과 아픔이 지혜로운 당신으로 거듭나게 하기를 바랍니다" 하고 이야기합니다.

- 한 사람씩 앞으로 나와서 큰 초에서 작은 초에 불을 붙이고, 인생의 다음 단계로 나아가는 중인 그 여성이 가진 재능이나 좋은 점을 이야기합니다.

- 진행자는 그 여성에게, "당신의 여성성이 어떻게 변화되길 바라고, 또 무엇을 하고 싶습니까?" 하고 묻습니다. 그 여성은 상상력을 발휘해서 새롭게 하고 싶은 일, 혹은 꿈꾸는 일을 이야기합니다.

- 참가자 중 두세 명 정도가 나와 폐경이 되면서 변화된 좋은 것들을 나눕니다.

- 지혜로운 여성을 상징하는 숄을 입혀 주며, "지혜를 옷 입은 여성이 되십시오"라고 기원합니다.

- 숄을 입은 여성은 새로움을 상징하는 물을 손가락에 묻혀 참가한 사람들에게 뿌리며 축복의 말을 해줍니다. "우리의 여성성을 축복합니다. 부디 지혜로운 할머니로 거듭 태어나 만나는 사람들에게 기쁨과 생명을 줄 수 있기를 기원합니다."

애도 작업을 마치는 예전 | 애도의 마침 예전은 마무리라는 점에서 매우 중요합니다. 물론 이런 예전 후에도 애도가 계속될 수 있습니다. 하지만 마무리와 정리를 하는 것은 다음 단계로 나아가기 위해 매우 중요합니다. 티벳 불교에서

는 바르도bardo라고 해서 한 영혼이 죽어 새로운 삶으로 변화되는 49일의 기간을 정하고 있고, 제주 무속에서는 죽은 이들을 보내는 예절로서 미아지 뱅디라는 빈 공간을 만들어 죽은 영혼을 다른 곳으로 보내 주면서 애도의 마무리를 재현합니다.

이 모든 예전에서 중요한 것은 변화를 상징하는 이미지입니다. 나비는 고치를 뚫고 나와 날아간다는 차원에서 변화를 상징합니다. 무속이나 불교에서는 태우는 의식, 혹은 길 가르기같이 잘라내는 의식을 많이 행합니다.

예 1

준비물

탁자, 항아리, 초, 한지, 노끈, 나비 모양의 종이, 메모지

방법

- 탁자 위에 빈 항아리를 놓습니다. 항아리 옆에 둔 초에 불을 붙입니다.
- 그 동안 애도하고 슬퍼했던 일에 이름을 붙여 메모

지에 적습니다.

- 그 동안 자신을 지탱해 준 슬픔에 마지막 인사를 합니다.

- 메모지를 접어 손에 쥡니다.

- 보낼 준비가 되었으면 한 사람씩 탁자 앞으로 나와 항아리에 넣습니다.

- 다 넣었으면 진행자는 한지로 항아리를 봉하고 노끈으로 단단히 묶습니다.

- 진행자는 항아리를 높이 들어 모인 사람들 사이로 지나가며 춤을 추거나 천천히 걸어갑니다.

- 사람들은 진행자가 지나갈 때 나비 모양의 종이들을 뿌려 줍니다. (바닥에 종이가 수북이 쌓일 정도로 뿌립니다.)

- 함께 밖으로 나와서 항아리를 열고 상실의 이름이 적힌 종이들을 함께 태웁니다.

예 2

준비물

돌멩이, 바구니, 사인펜

방법

- 모임 장소에 들어오는 입구에 돌멩이가 들어 있는
  바구니를 둡니다. 참석자들은 마음에 드는 돌멩이를
  하나 고릅니다.
- 빈 장소에 어느 곳이든 편안하게 앉습니다.
- 자신의 애도 과정이나 상실을 대표하는 단어 혹은
  형용사를 돌멩이 위에 적습니다.
- 한 손으로 돌멩이를 꽉 쥡니다.
- 그 동안의 과정을 돌아봅니다. 가장 힘들었던 순간은
  언제였는지, 이 경험과 관련해 가장 마음 아픈 부분
  은 무엇인지, 또 위로가 되었던 순간은 언제였는지를
  돌아봅니다.
- 준비가 되었으면 한가운데 놓인 빈 바구니에 자신의
  돌멩이를 놓습니다.

- 자리로 돌아와서 둥글게 원을 만들고, 서로에게 축복의 인사를 합니다.

예 3

준비물

다양한 크기와 색깔의 종이

방법

- 자신이 경험한 그 동안의 과정을 생각하며 그에 어울려 보이는 종이를 고릅니다.
- 그 경험에게 하고 싶은 말을 쓰거나 그림을 그립니다.
- 자신이 쓴 글이나 그림을 충분히 바라보는 시간을 갖습니다.
- 마음의 준비가 된 사람은 그 종이로 배를 접습니다.
- 함께 시냇가나 강 혹은 바다에 종이배를 띄워 보냅니다.

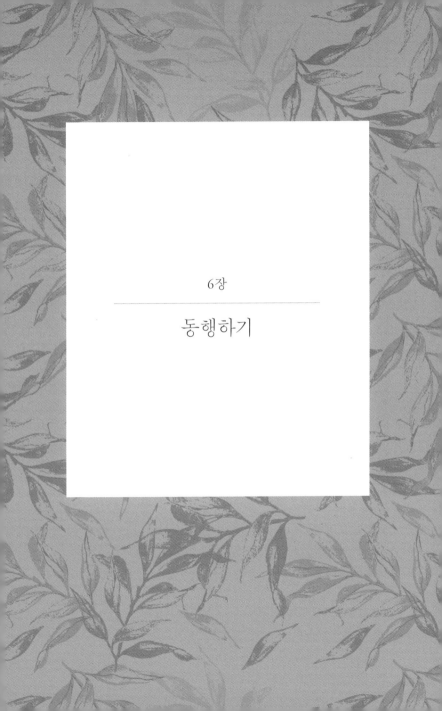

6장

동행하기

힘든 일을 겪을 때 함께해 준 사람만큼 고마운 사람은 없습니다. 친구들 중에는 만나서 즐거운 이가 있고 배울 것이 많은 이도 있습니다. 하지만 우리가 힘들 때 지지하며 곁에 있어 주는 친구야말로 평생 잊을 수 없는 친구라 할 수 있겠지요. 아무 판단 없이 우리를 묵묵히 지지해 주는 친구가 가장 귀한 친구인 것입니다.

미국 로스엔젤레스에는 유대인의 삶을 보여 주는 박물관이 세 곳 있는데, 그 중 짐머 어린이박물관Zimmer Children's Museum이 있습니다. 이곳에 가면 유대인들의 기본적인 가르침과 그들이 제시하는 바람직한 삶의 방식들을 볼 수 있는데, 그 중 하나가 선행에 관한 것입니다. 유대교에서는 선행을 설명할 때 세상을 수리한다는 뜻의 '티쿤 올람'*Tikkun Olam*이라는 개념을 사용합니다. 티쿤 올람을 수행하는 세 가지 방법은 세 개의 바구니를 통해 시각적으로 제시됩니다. 먼저 한 쪽 바구니에는 돈이 그려져 있습니다. 어려운 사람의 상황을 돕기 위해 돈을 보내 줌으로써 세상을 고쳐 간다는 뜻입니다. 다른 쪽 바구니에는 시계가 그려져 있는데, 물론 어려운 이들에게 자신의 시간을 제공할 수 있다는 뜻이겠지요. 그런데 가운데 바구니에는 빛이 그려져 있습니다. 과연 무슨 뜻일까요? 미국의 서부 지역을 돌며 기독교와 유대교, 불교, 이슬람교 등의 종교를 직접 접하고 사람들을 만나며 책을 쓴 코리나 니콜라우*Corinna Nicolaou*는 이 바구니가 개인적으로 가장 인상적이었다고 합니다. 그리고 타인의 상황에 관심을 갖고 이야기를 들어 주면서 그 사람의 기쁨에 진정으로 동참하고 슬픔을 함께 아파하는 것이, 바로 자신의 빛 혹은 에너지로 상대의 부서진 영혼을 고쳐 주는 일이라고 설명합니다.*

누군가가 힘들 때 그 사람의 든든한 버팀목이 되어 주고 싶은데 막상 하려고 하면 결코 쉽지 않은 상황을 많이 경험할 것입니다. 상대의 고통이 너무 커 보이고, 막상 이야기를 들어 주려고 하면 자신의 마음속에 묻어 둔 힘든 기억이 떠올라 불편해지기도 합니다. 그 사람의 상황을 듣다 보면 경제적으로든 어떤 방식으로든 해결해 주어야 할 것만 같아서 자신이 할 수도 없는 일을 해주겠다고 불쑥 말하고 나서는 힘들어지기도 합니다. 또 무슨 말인가를 해주어야 할 것 같은데 스스로도 도저히 감당할 수 없는 상황이라 무슨 말을 해야 할지 몰라 쩔쩔매기도 합니다. 그래서 도와주고 싶은 마음 이면에는 도망치고 싶은 마음도 있고, 그래서 그 친구를 피하고 있는 자신을 발견하기도 합니다. 그래서 이번 장에서는 진정으로 상대방을 지지하고 도움을 주는 태도에 대해 살펴보려고 합니다.

● Corinna Nicolaou, *A None's Story: Searching for Meaning Inside Christianity, Judaism, Buddhism & Islam*(New York: Columbia University Press, 2017), p. 132. 여기서 'None'이란 어떤 종교에도 속하지 않으면서 영성적인 것을 추구하는 사람들을 의미한다.

경청하기
....

   우선, 가장 중요한 일은 경청입니다. 사실상 대부분의 영적 훈련, 그러니까 영적 감수성을 훈련하거나 기도를 한다는 것은 경청을 훈련하는 것입니다. 기도라고 하면 신 혹은 어떤 절대자에게 계속 이야기를 하는 것으로 생각하기 쉬운데, 성숙한 기도는 결국 경청을 통해 신의 음성에 익숙해지는 것이라 할 수 있습니다. 신과의 관계뿐 아니라 그 어떤 종류의 관계를 지속하기 위해서도 상대의 소리와 마음을 듣는 것이 필수적입니다. 어떻게 경청해야 하는지 묻는다면, 듣기에 불편하거나 마음에 들지 않는 이야기도 왜곡하지 않고 있는 그대로 듣는 것, 혹은 어떤 판단도 보류한 채 있는 그대로 듣는 것이 올바른 경청이라고 답할 수 있겠습니다.

   물론 이런 경청의 태도는 결코 자동적으로 일어나지 않으며, 많은 훈련이 필요합니다. 가장 중요한 훈련은 자신을 알아차리는 일입니다. 상대의 말을 잘 듣고 그 마음을 헤아리기 위해서는 자신의 한계를 알아야 하고, 스스로에게,

또 현재 상실을 체험하고 슬퍼하는 상대에게 정직해야 합니다. 어려움을 겪는 사람이 하는 이야기가 어딘가 불편하거나 이해할 수 없다거나, 그 사람에 대한 판단하는 마음이 생길 때는 겸손하고 솔직하게 지금 자신이 이야기를 들을 수 없다고 양해를 구하는 것이 좋습니다. 그렇게 하지 않으면 상실을 경험하는 사람들의 말을 경청하기보다 자기 내면의 움직임에 신경을 쓰게 될 가능성이 매우 높습니다. 이야기를 듣다가 과거에 자신이 경험한 상실, 잃어버린 기억의 파편, 특히 행복하지 않았던 기간에 느꼈던 감정 등이 올라오게 되면, 자신이 상대에게 보이는 반응은 그 사람에 대한 반응이기보다 자신의 문제에 대한 반응일 확률이 높습니다.

상대방의 이야기를 들을 수 있는 마음의 여유가 생길 때 비로소 우리는 상대방에게 진정으로 다가갈 수 있습니다. 그리고 이야기를 들으면서 자기 안의 목소리에는 괄호를 치는 것이 좋습니다. 스스로에게 '그래, 내가 나 자신한테 들려주고 싶은 이야기구나. 나중에 꼭 들어 줄게'라고 이야기해 주고 나중에 그 느낌과 생각을 돌아보면, 삶에서 아직 소화되지 않았지만 커다란 의미가 될지도 모를 어떤 경험들을 다시금 만날 수 있습니다. 착하고 괜찮은 사람이 되고 싶은 마음에 억지로 안에서 올라오는 것들을 억누르고 제대로 살펴보지도 않은 채 상대방의 말만을 들어 준다고 억지를 부리면, 자기도 모르게 말하는 사람에게 화를 내거나 판단하는 말을 하기가 쉽습니다. 그러므로 무엇보다 중요한 것은 정직한 태도입니다. 상대의 아픔이면 아픔, 그리움이면 그리움을 있는 그대로 듣고 자기 마음에 간직할 수 있는 여유는 자신이 얼마나 내적으로 성숙했는지를 알아볼 수 있는 척도라 할 수 있습니다.

다름을 인정하기

둘째, 모든 사람의 경험이 다르듯이 슬퍼하는 과정도 다르다는 점을 기억해야 합니다. '이제 그만하면 되었다' '일상으로 빨리 돌아가야 한다' 등의 말은 절대로 해서는 안 되는 말 중 하나입니다. 또 자신의 경험을 들어 상대의 경험을 짐작하거나 재단해서도 안 됩니다. 우리는 자주 '나도 이런 일을 겪어 보아서 너의 감정과 슬픔을 이해한다'고 말합니다. 그러나 이런 생각은 정말 옳지 않을 뿐더러 상대방의 고유한 애도 과정을 망가뜨리고 맙니다. 똑같은 일을 똑같은 자리에서 겪어도 그 상실의 정도와 해석은 다른 법입니다. 주로 이런 말은 상대를 위해 사려 깊게 건네는 말이기보다는 상대에 대해 느끼는 불편함에서 튀어나오는 말인 경우가 많습니다. 무엇보다 현재 자신이 상대방과 함께 있는 것은 자신의 느낌이나 감정, 특히 불편함에 집중하기 위해서가 아니라 슬픔을 겪고 있는 상대를 위함임을 잊지 말아야 하겠습니다.

답을 주려 하지 않기

셋째, 상대의 문제를 해결해 주려고 하는 태도는 자제해야 합니다. 상실 후 겪는 애도의 과정은 어떤 해결해야 할 문젯거리가 아닙니다. 그들은 어떤 문제가 아닌, 소중한 것을 잃어버린 슬픔과 힘겨움을 대면하고 있는 것입니다. 그리고 우리가 할 수 있는 일은 그저 곁에서 그 사람이 슬퍼하는 현실을 함께 슬퍼하는 것 외에는 없습니다. 예를 들어 어떤 집에 도둑이 들어 귀중품과 일기장 들을 모두 훔쳐 갔다고 가정해 봅시다. 그 사람이 정말 슬퍼하는 것은 자신의 삶에 대한 정직한 기억이 송두리째 사라져 버린 것인데, 그의 친구는 물리적인 재산을 잃어버린 것에만 집중해서 위로하고 어떤 해결책을 제시하려 한다면 어떨까요?

지난 해 학생들과 미시시피에 가서 열흘을 지내고 마지막 날 시내에 나가 식사를 하고 돌아온 일이 있습니다. 그런데 우리가 없는 사이 그 동네 아이들이 숙소에 들어와서 학생들의 운동복과 점퍼 등을 가져갔고, 조교는 컴퓨터를 도둑맞고 말았습니다. 그녀는 엉엉 울기 시작했는데, 컴퓨터에 있는 논문 때문이 아니라 수년 동안 자신의 가족과 곧 결혼할 남자친구와 함께 쌓아 온 추억이 담긴 사진들 때문이었습니다. 그날 나는 학생들을 달래고 재운 후에도 한참 동안 그 조교를 안고 위로해 주었습니다. 그 사진들에 담겨 있던 매 순간이 얼마나 소중한 것인지를 이야기하면서 말입니다. 인간이 다른 인간의 상실을 어루만지고 안아주는 일, 이것이야말로 인간이 서로에게 해줄 수 있는 가장 품위 있는 행동이라고 나는 생각합니다. 반대로, 진정한 답을 주지도 못하면서 무슨 답을 주려 하는 것은 참으로 성급하고 저급한 행위일 것입니다.

친절한 행동

넷째, 친절하고 다정한 행동이 서툰 말보다 훨씬 낫습니다. 적절하지 못한 말은 슬픔을 겪어 내는 사람에게 깊은 상처를 줄 수 있기에, 그보다는 차라리 따스하고 친절한 행동으로 전하고 싶은 마음을 보여 주는 것이 좋습니다. 예를 들어, 정성스럽게 저녁을 차려서 사랑하는 친구의 집에 가져다주고 오는 것입니다. 이런 모습을 한국에서는 많이 보지 못했는데, 미국에서는 이웃 간에 많이 베푸는 친절입니다. 치킨 수프를 따스하게 끓여 주거나, 갓 구운 빵을 가져가 간단한 쪽지와 함께 문 앞에 갖다 놓는 것입니다. 또 상대의 마음이 아직 정리되지 않아서 하고 싶은 말이 확실치 않을 때는 그저 아무 말 없이 산책을 함께해 주는 것도 사려 깊은 행동입니다. 영화를 보러 가자고 제안하는 것도 좋습니다. 물론 영화의 내용이 친구가 경험한 상실을 연상시키는 것은 아닐지 점검해 보는 것도 지혜로운 일일 것입니다.

자기 신념을 주장하지 않기

마지막으로, 자신의 신앙이나 신념을 주입하지 않도록 주의해야 합니다. 보통 상실을 경험할 때 마음이 가장 약해진다는 점을 알고 자기의 종교를 권하는 경우가 종종 있습니다. 아무리 좋은 의도라 하더라도 이런 행위는 슬픔에 빠진 사람들의 마음을 불편하게 할 뿐입니다. 상대방이 먼저 신앙이나 종교에 관해 이야기하지 않는 한 자신의 종교나 신앙 행위를 이야기하지 않도록 조심하고, 자신은 어떤 종교로 인해 평화를 누린다거나 하는 말은 마치 '당신은 나의 종교를 갖지 않아서 이런 일을 겪는 것이다'라는 말로 들릴 수 있음을 유념해야 합니다.

이와 관련해, 상실을 체험하는 인간의 절절한 고통을 다룬 성서의 욥기는 좋은 교훈을 줍니다. 욥기는 짧은 이야기에 긴 시들이 삽입된 형태의 책인데, 나는 특히 저항과 고통과 분노를 쏟아내는 가운데 상실에서 의미를 찾고 삶의 깊이로 들어가는 처절한 과정을 보여 주는 이 시들이야말로 성서에 포함된 가장 아름답고 인간적인 글들 중 하나라고 생각합니다. 완벽해 보이는 욥이라는 사람이 악마의 시험대에 오릅니다. 모든 것이 완벽한 조건에서야 누군들 모범적 신앙 생활을 못하겠느냐는 것입니다. 그래서 어느 날 욥은 갑자기 자식들이 죽고, 재산을 잃고, 자신은 온몸에 난 종기가 가려워 토기 조각으로 몸을 긁는 신세가 됩니다.

이때 고통스러운 욥의 상황을 듣고 멀리서 세 친구들이 찾아옵니다. 이들은 욥의 푸념을 듣자마자 고통에 대한 자신들의 신학을 설명해 대기 시작합니다. 그 중 하나가 바로, '네가 무언가를 잘못했으니까 벌을 받지, 정의로운 하느님께서 네가 아무것도 잘못한 것이 없는데 벌을 내리셨겠는가' 하는 주장입니다. 또 다른 주장은 인간은 결국 하느님 앞에서 죄인일 수밖에 없다는 주장입니다. 우리 존재가 죄로 물들어 있기에 고통은 어쩌면 당연하다는 이야기입니다. 인과응보이니 하느님 두려운 줄 알고 살아야 한다는 것이지요. 한편 방문한 친구 중 가장 나이가 어린 엘리후는 '하느님은 고통을 통해 우리를 교육하고 단련시킨다'라는 주장을 합니다. 이 같은 그들의 말은 상실을 아파하는 사람들에게 우리 역시 의식적·무의식적으로 쏟아내고 있는 말들인지도 모르겠습니다. 무언가를 잘못해서 벌을 받는 것이라든지, 이 경험을 통해 무엇인가를 배우라고 신이 계획한 것이라든지 하는 말은 그야말로 폭력입니다. 결국 이 친구들의 방문과 그들이 뱉어 낸 이야기는 욥의 고통을 더욱 첨예하게 할 뿐이었습니다.

그런데 자신이 받는 고통의 의미를 몰라 괴로워하던 욥이, 책의 결말에 이르면 그 고통을 통해 하느님을 만나게 됩니다. 재어 볼 수 없고 알 수 없는 신비이신 하느님을 '눈으로 뵈었다'라는 말로 운문체 전문이 끝을 맺습니다. 모든 것을 잃어버리는 상실의 체험을 통해, 그는 결국 신을 만난 것입니다. 그리고 이처럼 삶이라는 신비, 고통이라는 헤아리기 힘든 신비를 힘겹게 마주하는 이들 곁에 겸손하게 서 있는 것만이 어쩌면 우리가 그들을 위해 해줄 수 있는 최선의 일이 아닐까 합니다.

영적 연습

1. 상실을 체험하고 애도의 과정을 지나고 있는 주위 사람에게 따스한 마음으로 꽃을 보내거나 식사를 만들어 보냅니다.

2. 슬퍼하는 사람에게 위로가 될 만한 카드를 만들거나 구입합니다. 그리고 그 카드에 산책하기나 영화 보기 등을 제안하는 편지를 써 봅니다.

3. 슬퍼하는 사람과 함께 한 시간 정도 아무 말 없이 산책을 해 봅니다.

4. 애도 기간에 받았던 호의와 친절 중 가장 기억에 남는 것은 무엇인지 돌아봅니다.

맺음말

이 책을 쓰기 시작할 때만 해도 나는 이 주제가 나 자신의 삶에 그토록 절실한 것이 될 줄은 미처 몰랐습니다. 지금 내 곁에는 삶과 죽음 사이에서 고통받는 사랑하는 동료가 있습니다. 자신의 죽음을 받아들이고 있는 친구를 곁에서 바라보는 일은 좋은 길동무를 잃어 가는 너무나 고통스러운 체험이고, 그 안에서 나는 크나큰 무력감과 두려움을 느낍니다. 한편, 좋은 길잡이가 되어 주시던 수녀님들이 돌아가시고 수녀가 되고 싶다는 젊은이들은 사라져 가는 현실을 보면서, 변화하는 세상에서 과연 수녀회는 생존할 수 있을까 하는 의문과 함께 수도 생활 자체에 대한 상실감을 대면하고 있기도 합니다.

얼마 전, 내가 몸담고 있는 대학의 총장이셨던 로이 수녀님의 이메일 한 통을 받았습니다. 내가 쓴 책《경계를 넘는 영성》*The Border Crossing Spirituality*을 읽었고, 150년이 된 우리 수도회나 우리 대학이 이제는 경계를 넘어가야 할 시기에 이른 것 같은데 이 혼란과 불확실의 시기를 걸어갈 수 있는 답이 나에게는 있느냐는 질문이었습니다. 나는 내게도 정확한 비전은 없지만, 사명이든 그것을 여태 담아 준 어떤 단단한 구조든 매듭을 지을 때가 있을 것이고 그 사실을 받아들일 수 있는 마음의 자유를 얻어야만 다음이 보일 것이라고 답을 드렸습니다.

삶은 불확실성 위에 서 있고 그래서 인간이라는 존재는 상실을 경험할 수밖에 없다는 것을 알면서도, 생의 바탕이 되었던 수도회가 무너져 가는 것을 보면서 깊은 상실감을 느낍니다. 그러면서 결혼 생활이 무너져 내릴 때, 자녀에게 걸었던 기대가 부서질 때, 혹은 계획했던 삶이 사라질 때, 사람들은 지금의 나처럼 그런 느낌을 가졌겠구나 새삼 생각하게 됩니다. 그리고 한편으로는 이 책에 담은 많은 상실의 이야기들이 얼마나 가슴 아프고 힘든 것이었는지, 그러면서도 그 경험들 하나하나는 다른 이들에게 얼마나 놀라운 빛을 선사하고 있는지를 돌아보게 됩니다. 그렇게 해서 지금 이 순간 나는 주변에서 일어나는 일과 나 자신에게 일어나는 변화들을 상실의 관점으로 바라보면서, 삶이란 결국 상실을 살아내는 것이며 상실의 경험을 통해 인간은 조금씩 삶의 질을 만지고 느낄 수 있게 된다는 사실을 깨닫습니다. 그래서 결국 어떤 상실을 살아냈느냐가 한 영혼의 빛을 만들어 가고, 그렇게 조금씩 성장과 변화를 이루게 하는 것입니다.

내게 상실을 묘사하는 가장 시각적인 표현은 T. S. 엘리어트의 시 〈프루프록의 연가〉The Love Song of J. Alfred Prufrock의 한 구절에 나옵니다.

> 이렇게 말해야 할까, 해 질 무렵 좁은 거리를 걷다
> 창문 밖으로 몸을 내민 셔츠 바람의 외로운 사내들의
> 파이프에서 피어오르는 담배 연기를 보았다고?*

이 구절은 상실이라는 삶의 본질을 확인해 주는 것만 같습니다. 몽글몽글 피어오르는 담배 연기나 길에서 보이는 창 안의 찻주전자에서 피어오르는 연기를 바라보는 것, 이것이 결국 삶을 대하는 태도이고 상실을 사는 방식이겠구나 하고 생각하게 됩니다.

상실은 사랑하는 사람의 죽음일 수도 있고, 자신이 모든 것을 바쳤거나 자신에게 안전을 제공해 준 조직, 즉 가족, 수도회, 교회 등이 더 이상 존재하지 않게 되거나 무너져 가는 과정일 수도 있습니다. 우리는 언제나 이러한 상실을 마주할 수밖에 없습니다. 그리고 그 안에서 모든 과정을 바라보고 생을 있는 그대로 받아들이는 것이 우리에게 주어진 영적 숙제일 것입니다. 나같이 수도 생활을 선택한 이들에게 상실은 비교적 명확해 보이지만, 결혼을 택한 사람들도 어느 순간에는 자신이 만든 가정이 해체되는 것을 경험하게 됩니다. 자녀들이 다 떠나고 남편은 세상을 떠날 수도

● 원문은 다음과 같다.
　Shall I say, I have gone at dusk through narrow streets
　And watched the smoke that rises from the pipes
　Of lonely men in shirt-sleeves, leaning out of windows?

있습니다. 텅 빈 집은 마치 나비가 날아가고 남은 빈 고치처럼 느껴질 수 있습니다. 자식에게 가졌던 기대를 내려놓는 일 역시 결코 가볍지 않은 무게로 부모의 마음에 상실감을 안겨줍니다. 사실 이 모든 것이, 삶이라는 여정의 자연스러운 흐름 속에서 경험해야 하는 상실입니다.

지난 주말, 상실을 주제로 아주 조그만 여성 피정 모임을 가졌습니다. 갑자기 주변의 여성들과 함께 숨을 쉬고 싶다는 갈증 때문에, 여러 여성들을 대학의 강의실로 초대했습니다. 우리는 자신이 간직한 상실의 체험이 무엇인지를 찾아보는 작업을 하기 위해, 먼저 가장 돌아가고 싶은 행복했던 때의 기억에 대해 나누었습니다. 한 이십대 여학생은, 처음으로 자신이 하고 싶은 일이 무엇인지 알았을 때라고 했습니다. 그리고 지금은 그때 가졌던 자신감을 잃었다고 말했습니다. 마흔이 된 전문직 여성은, 이민 후 부모님이 밤이 늦도록 일하셨지만 그 늦은 시간에도 가족들이 함께 수영을 하며 즐거워했던 어떤 여름 밤을 추억했습니다. 하지만 그 후 그런 순수한 관계를 잃어버렸고, 부모님에 대해 너무 많은 것들을 알게 되면서 아직도 부모님과의 관계가 수월하지 않다고 합니다. 행복했던 순간과 상실은 아주 깊이 맞닿아 있고, 많은 경우 그 상실의 체험은 현재의 삶에 깊이 영향을 준다는 사실을 우리는 발견할 수 있었습니다.

그리고 그 자리에 모인 여성들은 각자 자신에게 필요한 의미들을 찾기 시작했습니다. 결혼하지 않은 채 목회자로서 노년기를 맞은 한 목사님은 자신에게는 자녀와 남편이 없는 상황이 결국 하느님의 뜻이라는 것을 다시 한 번 확인했습니다. 나는 점점 약해지고 작아지는 수도 공동체를 있는 그대로 받아 안으면서 내 길을 갈 수 있는 힘을 회복하고 있다는 느낌이 들었습니다. 젊은 시절 신앙 생활을 함께하던 공동체를 그리워하던 한 여성은, 상실을 나누는 이 공간 안에서 새로운 공동체의 힘을 체험한다고 말했습니다. 한 사람의 아내로, 엄마로 살면서 자신의 열정을 잃었다는 한 여성은, 큰 것을 이루고픈 열정에 대해서는 이제 '보내주기'를 하지만 계속해서 다른 여성들과 함께 의미 있는 작은 일들을 해 나가고 싶다고 말했습니다.

삶이 상실이라면, 그리고 우리가 그 상실을 없는 것으로 하거나 통제할 수 없다면, 그저 최종 편집자가 되어도 좋겠다는 생각이 듭니다. 크고 작은 체험들에 순서를 매기고 강조체를 넣고, 때로는 느낌표나 쉼표, 마침표, 말줄임표 등을 넣어 새로운 의미를 찾아내는 작업 정도는 우리가 충분히 할 수 있는 일이기 때문입니다. 크고 작은 상실과 아픔, 때로는 수치심으로 때로는 좌절감과 무의미함으로 깊이 자리 잡은 체험들을 그저 삶의 일부로 바라보고 그 안에서 새로운 길을 떠날 여유를 찾을 때, 우리는 비로소 상실로 인해 행복한 사람이 되어 갈 것입니다.

마지막으로 중요한 것은, 어설픈 싸구려 희망에 기대는 것이 아니라 상실을 품는 일입니다. 우리 자신이 슬픔 속에서 완전히 용해되어 버릴 때 진정한 새 생명이 돋아나기 때문입니다. 잃어버리고 놓쳐 버린 것, 그래서 아픔을 주었던 기억들과 사실들을 고스란히 품에 안을 때, 허영이나 미혹됨 없이 진실한 눈으로 세상을 마주 대하고 걸어갈 힘이 생기기 때문입니다. 그리고 누구 할 것 없이 상실을 체험하고, 이들이 함께 인생길을 걷고 있음을 생각하면 위로가 됩니다. 그래서 상실을 감지하고 슬퍼할 줄 아는 사람들끼리 서로 보듬을 수 있는 공간을 만들어 가는 것, 그리고 함께 더 깊은 삶 속으로 뚜벅뚜벅 걸어가는 것, 그것이 진정한 의미의 희망이라고 나는 믿습니다.

2018년 봄,

박정은

슬픔을 위한 시간

초판 1쇄	2018년 7월 1일
지은이	박정은
발행인	임혜진
발행처	옐로브릭
등록	제2014-000007호(2014년 2월 6일)
주소	서울시 용산구 독서당로 6길 16, 101-402 (04410)
전화	(02) 749-5388
팩스	(02) 749-5344
홈페이지	www.yellowbrickbooks.com